道元思想を解析する

『正法眼蔵』データベースが示す真実

門馬幸夫
解説 南 直哉

春秋社

まえがき

筆者は一九九五（平成七）年、曹洞宗大本山永平寺より道元七五〇回大遠忌記念として、曹洞宗大本山永平寺の許可を得、『慕古《もこ》』というEPWING規格（Electronic Publishing WING電子辞書の標準形式。「日本語電子出版検索データ構造」）対応CD-ROM『正法眼蔵《しょうぼうげんぞう》』の検索CDを編集した経験がある。

しかし、このCD-ROMは市販されず、教団内部に一部配布をされたのみで、市販はなされなかった。また、このCD-ROMによる検索は、その後のパーソナル・コンピュータのオペレイテング・システム（Operating System）およびソフトのバージョンアップ（コンピュータで、ハードウェア・ソフトウェアの性能や機能を改良・向上させること）に対応できず、コンピュータによる検索ができなくなってしまった。

せっかくの『正法眼蔵』の縦横な検索が以降、一般の読者にとっては極めて敷居の高いものとなってしまったのである。

さて本書は、『正法眼蔵』の本文（底本は大久保道舟編『古本校訂 正法眼蔵 全』筑摩書房、一九七一年刊。以下、これを大久保本『眼蔵』という）を、テキストおよび漢文の読み下し文で、マイクロソフト社のデータベース・ソフト、アクセス（Access）に取り込み、そのデータベースを利用して『正法眼蔵』の特定の問題の解釈に役立てようと試みたものである。

本書では、データベース検索によって、一定の意味を持つ文節単位から、問題とされる用語を検索をすることによって、様々な用例（類例）から、『正法眼蔵』における、意味の解明に役立てようという試みをしている。

筆者が『正法眼蔵』本文を利用したデータベースを構築しようとした理由については「あとがき」にその理由を記しているので、そちらを参照していただければ幸いであるが、『正法眼蔵』から何ごとかを引きだそうとした場合、『正法眼蔵』が、難解であるということもさることながら、非常に大部な著作であるということが、データベースを利用した最大の理由である。

この場合、本文がデジタル・テキストになっていれば、調べようとする箇所が即座に、しかも全巻に渡って網羅的に検索可能となり、当該の語彙も含めて、文意の比較可能性が飛躍的に増大するという利点が出てくる。本書は一部ではあるが、この方法で問題の解釈を試みたものである。

一般的には仏典のデータベース利用はすでにかなり進み、仏教各派でも各宗派に関係する電子辞書が一部、公開をされている。しかしながら、それらの電子辞書はソフトのバージョンアップがうまく行かず、使い勝手のうえで支障がある、という場合も少なくない。今後は、このアポリアを解決し、専門家だけが使用でき得るデータベースのみならず、一般読者にも使用でき得るデータベースの構築・提供が課題となるといえよう。

本書で使用した大久保本『正法眼蔵』を底本としたデータベースについて、若干の解説を付加しておこう。

引用に使用したデータベースでは、大久保本『眼蔵』における同書の漢文表記の部分は、水野弥穂子校注・岩波文庫本『眼蔵』四巻等を参照し読み下し文として使用している。

また、このデータベースでは、大久保本『正法眼蔵』収録の「別本《べっぽん》 心不可得《しんふかとく》」、「別本 仏向《ぶつこう》上事《じょうじ》」、「別本 仏道」、「別本 洗面」、「別本 三時業《ごう》」、「別本 辨道話《べんどうわ》」の各巻は、収録をしていない。ただし同書の「拾遺」における、「辨道話」、「菩提薩埵四摂法《ぼだいさったししょうぼう》」、「法華転法華《ほっけてんほっけ》」、「生死《しょうじ》」、「唯仏与仏《ゆいぶつよぶつ》」の各巻を収録したものを使用している。

大久保本『眼蔵』をデータベースにおける底本とした理由は、主として「三時業」の巻に見られる「業《ごう》」の記述文等の存在による。

大久保本『眼蔵』は「三時業」の巻を含む新草一二巻を「永光寺本《ようこうじ》」に依っているが、この永光寺本では、他の諸本では欠如している「五無間《むけん》業」に関する、やや詳細かつ他の諸本とは異なった記述が見られるからである。

仏教教学上、「業」の概念は重要な概念であるが、道元の「業」概念を研究する際には多少なりともその参照が必要となろうという判断に立って大久保本『眼蔵』を採用したものである。むろん、これらの部分を無用とする読者・研究者は、大久保本『眼蔵』による、こうした部分を参照しない、という方法もあり得よう。

他の諸本では割愛されている箇所が、大久保本『眼蔵』では割愛されずに収録されているという点が、文章解釈上、必要であろうというのが本書で大久保本『眼蔵』のデータベースを採用した最大の理由である。

『正法眼蔵』における詳細な本文の異同については、本山版、岩波大系本、岩波文庫本、あるいは春秋社刊『道元禅師全集』第一巻・第二巻（『正法眼蔵』）等による、『正法眼蔵』本文の異同を確認されたい。

大久保本『眼蔵』を底本とした理由は以上のとおりであるが、データベースを利用したテキスト文の利用については、やや工夫が必要な点も存在する。

たとえば道元の『正法眼蔵』中における「女性」との関係を調べる場合を想定して見よう。この場合、『正法眼蔵』中に出てくるテキスト文のうち、「女性」の語彙は、もちろん「女《にょ》」という語彙で検索をするが、そのほかに、同義語および類義語での検索も必要となる。

それらは「姉」「妹」「尼《あま》」などである。実際、これらの語は『正法眼蔵』の中に登場をする。ただし、注意をすべきは、「尼《あま》」の語である。「尼《に》」の語は、ほかに「釈迦牟尼仏《しゃかむにぶつ》」という語の形でも頻出をする。したがって、この場合は、「釈迦牟尼仏」という語をのぞいて考察を試みる、ということになる。

さて、本書では、既述のごとく『正法眼蔵』のデータベースを利用して、さしあたり、二つのテーマの解釈を試みている。

一つ目は、『正法眼蔵』の劈頭《へきとう》に置かれている「現成公案《げんじょうこうあん》」の巻の解釈である。むろん、この「現成公案」の巻は、すでに様々な人々によって、様々な解釈が為されてきた巻ではあるが、ここでは、できるだけ『正法眼蔵』の中から、関係すると思われる巻の類例の当該箇所、語彙および文節を、データベースの利用によって抽出し、それによって「現成公案」の巻の解釈をおこなう、という方法を採っている。

二つ目は、道元の、いわゆる「鎌倉下向」と一二巻『正法眼蔵』との関係、についての考察である。

一二巻『正法眼蔵』の問題については、これまた数多くの論考が存在をしているが、本書で問題とする、道元の「鎌倉下向」と一二巻『正法眼蔵』との関係の考察、については、管見の限り、ほとんど見かけてはいない。

本書を読むにあたって、もう一点、留意点を挙げておこう。それは、元来は、いわゆる『正法眼蔵』に含まれてはいない「辨道話」の問題である。

現在、一般的に『正法眼蔵』といった場合、通常では「辨道話」+七五巻『正法眼蔵』+一二巻『正法眼蔵』を、いわゆる『正法眼蔵』と呼び習わしている。が、厳密には『正法眼蔵』には「辨道話」は含まれてはいない。

「現成公案」の巻から「出家」の巻までを、七五巻『正法眼蔵』(旧草本)と言い、「出家功徳」の巻から「八大人覚」の巻までを、一二巻『正法眼蔵』(新草本)と言い、それが本来の『正法眼蔵』とされている。

しかしながら、現在の傾向では、『正法眼蔵』という場合、厳密には『正法眼蔵』に含まれてはいないが、旧仏教に対する道元の立宗宣言的内容を有している「辨道話」も、『正法眼蔵』に含んでも良いとの考えが広まり、「辨道話」も『正法眼蔵』同様として扱われてきている。

本書でも、この見方を採用しているが、本書で七五巻『正法眼蔵』および一二巻『正法眼蔵』という場合には「辨道話」は含まれてはいない。

先に述べたごとく、本書では、二つの問題点を取り上げ、以て何らかの仮説を提示しようとするものである。もとよりこれは、筆者自身の作業仮説であり、これが正しい、と強弁をするものではない。少しくの妥当性があるかどうか、ということであろう。

これが成功しているかどうかは、読者の判断にゆだねざるを得ないが、しかしながら今後は、デジタル検索システムによるテキストの検索によって、仏典や道元に関する様々な諸問題の、一層の解明に役立つことが、せつに願われるところである。

筆者自身は、しかしながら、この検索システムをより精度の高いものとし、一般読者の用に供したいと考え、現在、紙ベースの語彙辞典およびDVD-ROMの形で『正法眼蔵』の全文から検索ができるよう作成したものを提供しようとし、鋭意、努力中である。

なお本書では、底本を大久保本『正法眼蔵』としていることにより、本文の「読み」等については、基本的にこれによっている。それ以外の本、たとえば『永平広録《こうろく》』等の本文については引用の本に準拠している。

また旧漢字は適宜、常用漢字等にし、原漢文は「読み下し文」としている。フリガナおよびカッコや改行等も適宜、読みやすいものとした箇所も少なくない。あらかじめお断りをする次第である。

道元思想を解析する　目次

道元思想を解析する——『正法眼蔵』データベースが示す真実

第一章

道元の解析
——現成《げんじょう》の公案

一　「俗弟子、楊光秀にあたふ」

『正法眼蔵』の構成

『正法眼蔵』（以下、たんに『眼蔵』という）で『正法眼蔵第一』として劈頭《へきとう》を飾るのは、有名な「現成公案《げんじょうこうあん》」の巻である。

「現成公案」の巻は、『眼蔵』の中でも俗に「辨《べん》・現《げん》・仏《ぶつ》」と称され、曹洞禅を標榜する曹洞宗教団の中でも特別に重要な巻として意識をされてきた。「辨・現・仏」とは、「辨道話《べんどうわ》」、「現成公案」、「仏性《ぶっしょう》」の巻の、各巻である。

「辨道話」はもと、いわゆるの『眼蔵』の巻には入ってはいなかったが、事実上の、旧仏教に対する立宗宣言的内容を持っている点から、今日では『眼蔵』を構成する巻として、その劈頭に置かれ、『眼蔵』として見られるようになっている。ちなみに、

衛藤即応校注の岩波文庫版『正法眼蔵』全三冊、一九三五〜一九四三年
本山版（縮刷）鴻鳴社刊『正法眼蔵』、一九五二年
寺田透校注の岩波日本思想体系本『道元』上・下、一九七〇年
水野弥穂子校注の岩波文庫本『正法眼蔵』全四冊、一九九〇〜一九九三年

では、『眼蔵』と見なされる形で「辨道話」を劈頭に収録している。

大久保道舟編『古本校訂 正法眼蔵 全』（筑摩書房、一九七一年、以下「大久保本」という）では「辨道話」は「拾遺」として収録をされ、劈頭には収録をされていない。大久保本の「拾遺」には、「辨道話」の他に「菩提薩埵四摂法《ぼだいさったししょうぼう》」・「法華転法華《ほっけてんほっけ》」・「生死《しょうじ》」・「唯仏与仏《ゆいよ》」の四巻が含まれる。

もっとも年代の新しい編纂である龍門寺本を主とした酒井得元・鏡島元隆・桜井秀雄監修春秋社版『道元禅師全集』第一巻・第二巻（以下、春秋社版、一九九一年）の『眼蔵』では「辨道話」は、旧草本七五巻・新草本一二巻とは異なる「未集成」の巻として扱われ、これも劈頭には収録をされてはいない。

本書では、如上のことを踏まえ、以下、便宜的にではあるが、大久保本における「辨道話」＋七五巻『眼蔵』＋一二巻『眼蔵』＋「拾遺」（ただし大久保本における「別本《べっぽん》」、すなわち「別本心不可得《しんふかとく》」、「別本 仏向上事《ぶっこうじょうじ》」、「別本 仏道」、「別本 洗面」、「別本 辨道話」を除く）を底本とし、

これらを仮の『眼蔵』として扱い、データベース検索の用語事例等を見ていくこととする。ただし本書のデータベース検索の利用、および言及には『眼蔵』のほか、『祖山本 永平廣録 校注・集成』（大本山永平寺、一九八八年、以下、たんに『永平広録』という）も参照している。

『眼蔵』は誰のために書かれたのか

ところで、従来の道元『眼蔵』「現成公案」の巻の研究、解釈等で、あまり触れられる事のなかった留意点が存在をする。

それは、「現成公案」の巻の叙述が終えたあとの、いわゆる「奥書《おくがき》」の部分である。奥書とは一般的には、書物の終わりの発行年月や著者、経緯などを記した部分であるが、『眼蔵』の場合では、著述年もしくは著述場所および何処で誰に対して説法をしたのか、誰が書写をしたのか等々を示す、「示衆《じしゅ》」などが書かれている部分である。その「現成公案」の巻の奥書には、次のように記述をされている。

これは天福元年中秋のころ、かきて鎮西《ちんぜい》の俗弟子、楊光秀にあたふ。　建長壬子拾勒

天福元年は西暦一二三三年、道元、三四歳の時である。「鎮西」というのは現在の福岡県太宰府のあたり、「楊光秀」という人物については現在のところ、不詳である。「建長壬子《じんし》」は建長四

（西暦一二五二）年、「拾勒《しゅうろく》」というのは拾いあつめて統べととのえること。「建長壬子」という年号は道元の「鎌倉下向」後の年号であるが、「拾勒」とあるだけであり、現存する一二巻『眼蔵』には「現成公案」の巻は入ってはいない。

しかしこの記述から、見過ごしにできない事実が垣間見える。それは従来、『眼蔵』の中でも、最も重きをなすと見なされてきた「現成公案」の巻が、ほかならぬ「僧侶の仏弟子」に対してではなく、「俗弟子」（一般の在家）の「楊光秀」に対して「与えられた」文章である、という点である。

通常、道元の教え、とりわけ『眼蔵』は、出家者、すなわち僧侶に対して説かれた教えと理解されてきている。がここではそれが、俗弟子の楊光秀に与えられたもの、と明示されている。

先に既述したごとく、現在、我々が目にし得る『眼蔵』は、一九三〇（昭和五）年頃に能登・永光寺《ようこうじ》から新しく発見された『十二巻正法眼蔵』の発見を契機としている。すなわち現代では、「現成公案」の巻から「出家」の巻までの七五巻を「旧草」本、「出家功徳」の巻から「八大人《にん》覚《がく》」の巻までの一二巻を「新草」本とし、この両者に「辨道話」を併せて『眼蔵』と見なすことで構成されてきた。

しかし、この旧草七五巻＋新草一二巻＋「辨道話」の『眼蔵』の奥書には、「現成公案」の巻以外のどれにも、「俗弟子にあてた」、という記述はない。もちろん『眼蔵』の編成にあたって「拾遺」とされてきている「菩提薩埵四摂法」や「法華転法華」等の、他の四巻の奥書についても同様である。

『眼蔵』の他の巻とは違って、例外も含め、道元自身によるとみられる特異な奥書が見られる巻には、他に四巻が挙げられる。

それらは、七五巻『眼蔵』では「光明《こうみょう》」の巻、「梅花《ばいか》」の巻、「全機《ぜんき》」の巻、十二巻『正法眼蔵』の「八大人覚《はちだいにんがく》」の巻、の四巻である。

各巻の奥書を見て見よう。まず「光明」の巻の奥書には、次のように記されている（傍点、引用者。以下、奥書については同様）。

①　仁治三年壬寅夏六月二日夜、三更四点、示衆于観音導利興聖宝林寺、于《う》時梅雨霖々《りんりん》、簷頭《えんとう》滴々《てきてき》、作麼生是《そもさんぜ》光明在《こうみょうざい》、大家未《み》免除雲門《うんもん》道覷破《しょは》。

（仁治三年六月、宇治・興聖寺にて。「雨がしげく軒先をたたく深夜、光明はいずこに在るか、さながら雲門の問い〔雲門道〕に見通されるようだ」）

右の「光明」の巻の奥書については後述するとして、次には「梅花」の巻が挙げられる。

②　爾時日本国寛元元年癸卯十一月六日、在越州吉田県吉嶺寺、深雪三尺大地漫々。

これについては、道元の越前下向と関連がある、とする論考も見えている。「深雪三尺大地漫々」とあることから、越前に赴いた道元の感懐が窺われる記述である。

また、「示衆」の中にではあるが、のちに外護者（檀越《だんおつ》）となったとされる鎌倉幕府御家人、六波羅評定衆の出雲守《いずものかみ》、波多野義重《よししげ》との関係も伺える記述が見える「全機」の巻の奥書には、次のように見えている。

③　于時仁治三年壬寅十二月十七日在雍州六波羅蜜寺側前雲州刺史幕下示衆。

「雲州刺史《うんしゅうしし》」とは出雲守《いずものかみ》、波多野義重《はたのよししげ》である。幕下（家来）とともに道元の説示を六波羅蜜寺に聞きに来ていたのであろうか。

最後の、特異な奥書を持つ巻には、あまりにも有名な新草十二巻本の「八大人覚」の巻の奥書がある。これは、道元の膝下の弟子、懐奘《えじょう》の言説とされている奥書である。

④　……〔所以此御草等、先師最後教勅也。我等不幸不拝見一百巻之御草、尤所恨也。以下略〕

所以《ゆえ》に此《こ》の御草等は、先師最後の教勅なり。我等不幸にして一百巻の御草拝見せず、尤《もっと》も恨む所なり。（以下、略）

しかし、右の「一百巻」云々という奥書をめぐっては、一二巻『眼蔵』の性格をめぐる多大な議論が存在するので、ここでは深く立ち入ることはできない。

以上の奥書の所在から確認できることは、「現成公案」の巻の奥書が、やはり特異な点を持っているという点であろう。

『眼蔵』「現成公案」の巻の奥書によれば、それが俗弟子に与えられたもの、という巻であるが、道元の周囲に俗弟子はいなかったのかと言えば、それはそうではない。道元は『眼蔵』の記述の各所で、出家・在家、両者に向けて、その説示を繰り返している。

新草一二巻本の「出家功徳」の巻等は、その用語からして、基本的には「在家」に向けて「出家することの功徳」を説いたものと言える。このような点からすれば、道元の説示が出家者のみに向けられていた、ということではない、と見なされよう。

また道元の説示の場所も、宇治の興聖寺《こうしょうじ》以外にも、越前の吉峰寺《きっぽうじ》、大仏寺、永平寺、京都の六波羅蜜寺などで示衆をしており、道元の説示の場所には僧侶のみならず、在家や俗弟子も存在していたであろうことは想像に難くない。

実際、『眼蔵』中には「在家」という用語は、辨道話＋旧草七五巻＋新草一二巻＋拾遺という『眼蔵』の編成におけるデータベースからの用語検索では、その出現箇所が、道元の初期の著「辨道話」から一二巻『眼蔵』「三時業」の巻まで、それは五二箇所にも及ぶ。次に、そのうちの最初と最後期の事例を見てみよう（カッコ内は『眼蔵』の巻号。以下、同様。傍点は引用者）。

(1) 李相国・防相国、ともに輔佐の臣位にはんべりて、一天の股肱《ここう》たりし、坐禅辦道して仏祖の大道に証入す。ただこれ、こゝろざしのありなしによるべし、身の在家出家にはかゝはらじ。（「辦道話」）

(2) 在家出家、ながくこの不知恩のこゝろなかれ。悪業力のきるところ、両手を断ずること、刀剣のきるよりもはやし。（「三時業」）

事例のうち、(1)は道元の説示で初期に属する「辦道話」における記述であり、(2)は、後期の説示、新草十二巻の「三時業」の巻における記述である。この少ない二例の説示の事例でも、その説示の初期から後期に至るまで、道元は「在家」に対しても説示をしている、という事は疑い得ない。

とくに(2)の、「三時業」の巻の事例では、「順現報授」業《ごう》の「不滅性」を説くくだりであるが、「在家出家、ながくこの不知恩（恩しらず）のこゝろなかれ」として、両者に語りかけた文脈になっていることが窺えるものとなっている。もちろん、『眼蔵』中に「在家」の用語が多く出てくるからといって、それが直ちに「俗弟子」を意味するわけではない。

「在家」という用語に関しても、道元は肯定的内容（「ただこれ、こゝろざしのありなしによるべし、身の在家出家にはかゝはらじ」『辦道話』）であったり、否定的内容（「はかりしりぬ、在家は仏法の在処にあらず」『三十七品《ぼん》菩提分法』）であったりする。

在家に対する肯定的、否定的内容の是非はさておき、この点から推測するとするなら、道元の説示は、それが多くは出家者を対象として説かれてはいるが、在家や俗弟子に対しても、それが行われてきた、という点は疑い得ない、ということであろう。

「在家」と「出家」

とすれば道元の説示が「俗弟子、楊光秀」に対して行われた、ということは特に不自然な事ではない。問題は、出家者に対しての説示と、俗弟子および在家者に対して説示をする場合に、差異性がある（あった）のかどうか、という点であろう。これは、いわゆるの「対機説法」ということでもあろうが、筆者自身は、道元の「在家」に関する説示に関しては、七五巻『眼蔵』のそれと、一二巻『眼蔵』のそれとでは、「在家」に対する見方が異なっていた、と見なしている。

実際、「辨道話」では「身の在家出家にはかゝはらじ」と述べているが、『眼蔵』後期の一二巻『眼蔵』では、「在家」に対し、否定する立場を取っている。たとえば一二巻『眼蔵』「出家功徳」の巻では、次のように述べ、「在家成仏《じょうぶつ》」を否定する（傍点、引用者）。

三世十方諸仏、みな一仏としても、在家成仏の諸仏ましまさず。過去有仏のゆゑに、出家受戒の功徳あり。衆生の得道、かならず出家受戒によるなり。（「出家功徳」）

もちろん、七五巻『正法眼蔵』でも、内容が「出家修行者」に対して説示をしているものも少なくはない。たとえば、

仏祖の往昔《おうしゃく》は吾等《われら》なり、吾等が当来《らい》は仏祖ならん、仏祖を仰観《ぎょうかん》すれば一仏祖なり。(「渓声山色」)

(仏祖の往昔は吾らにほかならず、吾らも未来は仏祖である。仏祖を仰ぎ見れば一個の仏祖にまします)

という言い方などは、明白に出家修行者に対して言われているもので、俗人に対してのものではない。

しかしながら、そうした「出家主義」の制約の下であっても、右のような記述を眼にする時、道元の説示の中には主として出家者に対して説示されたものが多いとは言え、それは基本的に出家者だけに限ってなされたもの、という断定はなし得ない。

というのは、基本的に出家者に向けた説示であっても、それは、俗弟子や在家者に対しても、妥当する説示でもある、からである。

しかし、にもかかわらず筆者は、「現成公案」の巻に関しては、ある意味において「俗弟子」

むけの内容が潜んでいるもの、と見なしている。

より正確な言い方をするなら、「現成公案」の巻は、俗弟子（在家者）および僧侶、ともに学ぶべき点、すなわち仏教（仏道）とは何か、仏道修行とはどういうものか、そこからの世界の「現成《げんじょう》」とはどういうものか、時間と存在との関係、仏道修行の要諦等々のテーマを、道元自身が示している、と見なすものである。

この点が、「現成公案」の巻が「俗弟子、楊光秀にあたふ」という奥書を持つにもかかわらず、『眼蔵』の劈頭に残されている最大の理由とも考えられるのである。筆者自身は、先述したごとく、「現成公案」の巻は、その内容が「俗弟子（在家者）および僧侶、ともに学ぶべき点」を、他の巻々以上に表現し得ているもの、と考えている。

なにゆえ、そのように考えるのか、というと、それは「現成公案」の巻の内容もさることながら、「現成公案」という表題それ自体に、なお考慮すべき点がある、と考えるからである。以下、この点について、若干、見てみよう。

「公案」とは何か

従来、「現成公案」という用語について、「現成」という言語の意味については今は置くとして、とりわけ「公案」という用語が問題とされてきた。

この「公案」という用語については、次のように解釈されてきた。代表的なものとしては、主として駒沢大学の禅学研究者たちによる、一九九六（平成八）年に編纂を終えた『新版 禅学大辞典』（大修館書店、以下、『禅学大辞典』という）が上げられるが、その中の、「公案」の用語項目を見てみよう。そこには「公案」の意味として、次のような記述が二点にわたって示されている（引用文中の傍点、引用者）。

(1)「公府之案牘《あんとく》」（禅林寶訓音義、上二）にたとえられ、おおやけの法則条文をいい、私情を容れず遵守すべき絶対性を意味する。転じて禅門では、仏祖が開示した仏法の道理そのものを意味し、学人が分別情識を払って参究悟了すべき問題とされる。その唱出は中国唐代に始まり、宋代に至って盛行し、一千七百則の公案などといわれる。

(2)道元は、公案を現成公案として把捉し、諸法（一切のあらゆるもの）がそのままに真実絶対としてありえている意に解する。（中略）なお〔正法眼蔵抄〕には公案を「平不平名曰公、守分名曰按」と注し、平は平として絶対、不平は不平として絶対であり、そのように諸法の各各は前後際断して一時一時に真実絶対として全機現成していることを述べている。

右のうち(1)の『禅林寶訓音義』というのは中国・禅林での語録などを指し、(2)の『正法眼蔵抄』というのは『聞書《ききがき》抄』あるいは『御抄《ごしょう》』とも呼ばれるもので、道元の直弟子、詮慧《せんね》の弟子、経豪《きょうごう》の聞き書きした書をいう。すなわち「公案」という用語について『禅学大辞典』では、

(1) 公府之案牘にたとえられ、おおやけの法則条文をいい、私情を容れず遵守すべき絶対性を意味する。
(2) 道元は、公案を現成公案として把捉し、諸法（一切のあらゆるもの）がそのままに真実絶対としてありえている意に解する。

と、解説をしている。

しかしこの『禅学大辞典』における「公案」という事について、(1)と(2)の、「おおやけの法則のように絶対性を意味する」とか、「諸法がそのまま真実絶対としてあり得ている」という解釈は、近年、問題とされてきた、いわゆる「本覚《ほんがく》思想」の考えと、まったく軌を一にする記述であると言わねばならないであろう。

「本覚思想」の問題点

ここで、「本覚思想」とは何か、が問題となるが、本覚思想の研究者である田村芳朗氏は『天台本覚論』（岩波思想大系九、一九七三年）の解説の中で、この思想について、次のように説明をしている。

そのような本覚思想は、一般的には具体的絶対論ないし絶対肯定の思想と称しうるものであるという。つまり、具体的な現実の事象をそのまま絶対とみなし、また肯定することで、専門的には事本・事円・事実相・事常住などというところである。眼前の事々物々のすがたこそ、永遠な真理の活現のすがたであり、本来の覚性（本覚）の顕現したものという意である。

天台本覚思想は、煩悩と菩提、生死と涅槃、あるいは永遠（久遠）と現在（今日）、本質（理）と現象（事《じ》）などの二元分別的考えを余すところなく突破・超越し、絶対不二の境地をその窮みにまで追求していったもので、仏教哲理としてはクライマックスのものと評することができよう。（田村、前掲書「天台本覚思想概説」、傍点、引用者）

「本覚思想」（正しくは「天台本覚思想」。以下ではこうした思想を単に「本覚思想」と呼ぶ）が、「仏教哲理としてはクライマックスのもの」という点等は、筆者はまったく首肯できないが、見たように、『禅学大辞典』の「公案」における解釈の(1)と(2)は、「公府之案牘にたとえられ、おおやけの法則条文をいい、私情を容れず遵守すべき絶対性を意味する」とし、「道元は、公案を現成公案として把捉し、諸法（一切のあらゆるもの）がそのままに真実絶対としてありえている意に解する」という解説をしている。

これは、「本覚思想」についての田村芳朗氏の、本覚思想は、一般的には具体的絶対論ないし絶対肯定の思想と称しうるものであるという。つまり、具体的な現実の事象をそのまま絶対とみなし、また肯定することで、（中略）眼前の事々物々のすがたこそ、永遠な真理の活現のすがたであり、本来の覚性（本覚）の顕現したものという意である。

という解説と、まったく同じ文脈で述べられている、と見なし得よう。

とすれば、道元の「現成公案」の巻に関し、『禅学大辞典』の(1)と(2)の解釈によるならば、道元は「本覚思想」を展開したのだ、ということになりかねない。

しかし道元が「本覚思想」を展開したのかどうか、ということは、これから見ていくこととするが、その問題の前に、「本覚思想」そのものが極めて、重要な問題点を持つことが、近年、つとに指摘をされている。この点をまず見ておこう。

それは、「本覚思想」そのものが持つとされる「現実の絶対的肯定」という問題に関連するものである。端的に言えば、「本覚思想」は、「現実をそのままで絶対的肯定をする」という思想で、実は、平等を装いながら秩序・差別を容認する思想として機能してきた、あるいは、そのように説教をされてきた、という点である。

それはたとえば、先の『禅学大辞典』「公案」の解釈(2)で触れられている古典籍『正法眼蔵抄』

の文章から引かれている、「平《へい》は平として絶対、不平は不平として絶対であり、そのように諸法の各各は前後際断して一時一時に真実絶対として全機現成している」という文章の文言を、「平等」と「差別」という用語に置き換えて見れば、ただちに理解し得よう。「平等は平等として絶対、差別は差別として絶対」ということになる。

僧侶や仏教者などが実際の説教などにおいて、一般に説法する場合や著述では平等や差別という用語は使用されなくとも、ほとんどの場合において実体視され、結果的には「現実をそのままで絶対的肯定をする」という意味あいを帯びる事になる。

そのような場合、それは言うまでもなく、現実社会の身分や格差、職業等が「そのままで絶対」などということになる。実際、そのような説法や記述、著書等は少なくない。一例をあげてみよう。たとえば曹洞宗《そうとう》の師家《しけ》である青山俊董《しゅんどう》師は、『道元禅師・典座《てんぞ》教訓　すずやかに生きる』（大蔵出版、一九九四年）の中で、次のように述べている。

どの一枝もどの一枝も、一瓶の花の命全体を背負って、その持ち場を守っている。配役の場こそ異なれ、価値において全く平等。これを「共に仏子たり、同じく仏事を作《な》す」という。まさに「春色高下なく、花自《おのづか》ら短長」であり、「高処は高平、底処は底平」である。（中略）

仏事というと葬式・法事のことかと思う。あるいは坐禅とか写経とか、特別のことをすることかと思う。そうではない。スミレがスミレの花を咲かせ、バラがバラの花を咲かせ、主役の枝、あしらいの枝、剣山の配役、典座《てんぞ》の配役と、それぞれの配役を驀直《まくじき》に勤めあげることが、仏事であり、成仏道の当体なのである。(三四〜五頁)

典坐《てんぞ》とは禅寺院での料理担当者のことを言い、驀直《まくじき》とは「ただひたすらに」などの意であるが、しかしこれは、現実の配役の「典座」を持ち出し、「それぞれの配役を驀直《まくじき》に勤めあげることが、仏事であり、成仏道の当体なのである」ということで、実体視をしている(現実の秩序をそのまま肯定している)点で、やはり「差別即平等」論を、現実に当てはめ(前提として)、説明をしているものと見なされよう。

現実の「配役」を持ち出すと、たとえばそれは、貴族は貴族で絶対、民衆は民衆で絶対、などということになり、そこに格差や差別・抑圧等があった場合には、それもが「絶対の真実」ということになる。

のみならず青山師の説明は、先にみた『禅学大辞典』の(2)の事例の『正法眼蔵抄』(『眼蔵』の注解書)の引用における、「平は平として絶対、不平は不平として絶対であり、云々」という説明と、寸分も違わない。こうした(安易な、と思われる)「差別《しゃ》即平等」論は、深いところで、秩序をそのまま肯定する思想、すなわち「本覚思想」となることは、見やすい道理であろう。実際、「業論《ごう》」における因果思想と絡めて、仏教者がそのような説教をしてきた事例は、枚挙にいとまがないほどである。

ところで、「本覚思想」そのものが持つ「差別を肯定する側面」等については、袴谷憲昭氏は、その著著『本覚思想批判』(大蔵出版、一九八九年)所収の「差別的事象を生み出した思想的背景に関する私見」という論考の中で、次のように指摘をしている。

ところで、本覚思想とは、先の道元禅師の要約に尽きているわけでありますが、蛇足ながら辞書的説明を付け加えますなら、本覚とは現象世界を超えた根源的覚りのことで、その覚りとは、本来すべての人々に普遍的に具わっていて常住であるが、それを自覚しない間は現象として変化生滅しているにすぎないという点も含意しておりますので、それは同時に「心常相滅」説をも意味しうる訳です。

しかし、この本覚思想を上っ面から眺めますと、すべての人々に普遍な根源的覚りを認めているが故に、これは即座に平等思想を表していると考えられがちなのですが、現実はいかようにもあれ、それは迷妄であって、真実は一元的な根源的覚りのうちにこそ求められねばならぬという、安易で押しつけがましいこの本覚思想こそが、実は差別思想を温存してきた元凶なのだと厳しく反省しなければならない体質を持っていたのであります。(袴谷、前掲書、一四二頁)

袴谷氏は右の論考の中で、いわゆる「本覚思想」ということについて、「本覚とは現象世界を超えた根源的覚《さと》りのことで、その覚りとは、本来すべての人々に普遍的に具わっていて常住であるが、それを自覚しない間は現象として変化生滅しているにすぎない」もので、「それは同時に『心常相滅《しんじょうそうめつ》』説をも意味」し、「この本覚思想を上っ面から眺めますと、すべての人々に普遍な根源的覚りを認めているが故に、これは即座に平等思想を表していると考えられがちなのですが、現実はいかようにもあれ、それは迷妄であって、真実は一元的な根源的覚りのうちにこそ求めれねばならぬという、安易で押しつけがましいこの本覚思想こそが、実は差別思想を温存してきた元凶なのだ」と、きびしい指摘をしている。

「先尼外道《せんにげどう》」の説

ここで「心常相滅」説というのは、道元が「辨道話」の問答の中および七五巻『眼蔵』「即心是仏」の巻等の中で展開をしている「先尼外道《せんにげどう》」（説）といわれているものである。「先尼外道」（説）というのは、インドのバラモン系六派哲学のうちの一つ、二元論を展開したサーンキヤ学派の思想をもとにしたもので、先の『禅学大辞典』では、「神我を信じ、心常相滅を奉ずる常見の外道《げどう》」とされているものである。が、ここでは袴谷氏が「先の道元禅師の要約に尽きている」と指摘した「辨道話」の当該箇所の記述を見てみよう。該当箇所は次のとおりである。

とふていはく、あるがいはく、生死《しょうじ》をなげくことなかれ、生死を出離するにいとすみやかなるみちあり。いはゆる心性《しょう》の常住《じょうじゅう》なることわりをしるなり。

そのむねたらく、この身体は、すでに生あればかならず滅にうつされゆくことありとも、この心性はあへて滅する事なし。よく生滅にうつされぬ心性わが身にあることをしりぬれば、これを本来の性とするがゆゑに、身はこれかりのすがたなり、死此生彼《しひ》さだまりなし。心はこれ常住なり、去来現在かはるべからず。かくのごとくしるを、生死をはなれたりとはいふなり。このむねをしるものは、従来の生死ながくたえて、この身をはるとき性《しょう》海にいる。性海に朝宗するとき、諸仏如来のごとく、妙徳まさにそなはる。いまはたとひしるといへども、前世の妄業になされたる身体なるがゆゑに、諸聖《しょう》とひとしからず。いまだこのむねをしらざるものは、ひさしく生死にめぐるべし。

しかあればすなはち、たゞいそぎて心性の常住なるむねを了知すべし。いたづらに閑坐して一生をすぐさん、なにのまつところかあらん。

かくのごとくいふむね、これはまことに諸仏諸祖の道にかなへりや、いかん。しめしていはく、いまいふところの見《けん》、またく仏法にあらず。先尼外道《せんにげどう》が見なり。

〔現代語訳〕

問うていう。

あるものがいわく。「生死をなげくことはない。生死をはなれるについて、至極すみやかなる道がある。それは、いうところの心性《しんしょう》はつねに存して生滅することのないものだとの道理をしることである」と。

その意味するところは、この身体こそは、生あればまたかならず滅にうつりゆくものであっても、この心性は決して滅することがない。だから、よく生滅することのない心性が我が身にあることを知れば、それを本来の性とするのであるから、身はただ仮りの姿であって、此処に死し、彼処に生ずる定めなきものにすぎない。それに反して、心はすなわち常に存して、過去も現在も未来も、決して変ることがない。そのように知るのを、生死を離れるとはいうのである。

その意味を知るものは、もはや従来の生死の考え方はなくなってしまって、この身が終るときには、いわゆる性海《しょうかい》に入る。性海とは、存在のあるがままの相を海に例えていうことばである。そして。その性海に流れ注いでしまえば、もろもろの仏・如来のように、すばらしい徳がおのずから具わるのである。

だが、いまはたとえ知り得ても、前世の迷える業によってなれる身体としてあるから、もろもろの聖者と同じでないのである。ただ、未だこの意味を知らない者は、いつまでも生死の流転を繰返さなければならない。だから、すなわち、急いで心性の常住ということを知るがよいというのである。いたずらに呆然として一生を過ごしたって、なんの期するところもないではないか。

このようにいう意味は、いったい、これは本当に、もろもろの仏祖の道にかなったものであろうか、どうか。

示していう。いま言うような考え方は、まったく仏法の考え方ではない。それは先尼外道なるものの説である。（増谷文雄訳、角川書店、一九四八年。以下、増谷訳はこれによる）

この「先尼外道」説に対する問答における道元の批判は、次のように述べられている。

ことやむことをえず、いまなほあはれみをたれて、なんぢが邪見をすくはん。しるべし、仏法には、もとより身心一如にして、性相不二《ふじ》なりと談ずる、西天東地おなじくしれるところ、あへてうたがふべからず。いはんや常住を談ずる門には、万法みな常住なり、身と心とをわくことなし。寂滅を談ずる門には、諸法みな寂滅なり。性と相とをわくことなし。（傍点、引用者）

〔現代語訳〕
だが、いまは、やむをえず憐みをたれて、汝の曲った考え方を救ってあげたい。知るがよい。仏教では、もとから、身心一如にして、また性相不二《ふじ》なりという。身と心は一つであって、また、本性と相状とは別々ではないというのであって、このことは、西の方《かた》天竺でも東の方《かた》中国でも同じく知っていることであって、けっして疑ってはならないところである。

さらにいうなれば、仏教の中においても、常住を説く法門においては、よろずの存在はみな常住であるといって、身と心とをわけることはない。また、空無を説く法門においては、もろもろの存在はみな空無であるというのであって、性と相とをわけることはない。(増谷文雄訳)

道元は、この「先尼外道」ないし「心常相滅」の邪見に対し、さらに七五巻『眼蔵』「即心是《ぜ》仏」の巻の冒頭部分でも中国・恵忠国師を引用して批判をし、同「仏性」の巻においても、「仏性の言《ごん》をきゝて、学者(仏教を学ぶもの=筆者注)おほく先尼外道の我《が》のごとく邪計せり」と、重ねて言及をし注意を促している。

「如来蔵《にょらいぞう》思想」と「基体説」

ところで、道元がここで言っている「先尼外道」ないし「心常相滅」の邪見というのは、むしろ「如来蔵《にょらいぞう》思想」であると把握すべきである、という論者に、松本史朗氏が挙げられる。ここで「如来蔵思想」というのは、チベット学の碩学でもある山口瑞鳳氏の言説によれば、おおむね次の如くである。

いま、如来蔵思想や浄土教思想を取り上げて、それらの捉え方の隔たりを見れば、この相違が具体的に知られるであろう。中国や日本では、しばしば経典の諸説を人間が本来、仏となる資質を実体的に具えているという趣旨で捉え、それを根拠として、自らの救済のためにさえ無限の修道を願わしくないものとして厭い、もっとも確実・安易な手立てによって仏の資質に立ち返ることを願う。これがすなわち一般的な理解でいう頓悟《とんご》であり、即身成仏と言われるものである。（山口瑞鳳『チベット』下、東京大学出版会、一九八八年、一八〇頁、傍点、原著者）

松本氏は、こうした「如来蔵思想」に関する見方を、独自に、さらなる理論的分析をし、氏のいう「基体説」を提案する。

「基体説」というのは、“dhātu-vāda”（この語は文献にはない松本氏の仮説的分析概念）というものが「如来蔵思想」の本質的構造であると見なされるものである。“dhātu-vāda”の構造を要約すれば、それは「単一な実在である基体（dhātu）が、多元的な dharma（ダールマ・法）を生じる」とする説で、「発生論的一元論」とか「根源実在論」とか呼んでも良い説である、という問題提起をする。

そしてそれは『勝鬘経』などに見られ、典型的には『大乗阿毘達磨《あびだるま》経』や『現観荘厳経』等の偈《げ》に示されており、それらは「法界《ほっかい》、つまり“locus”の無差別を言いながら、最終的には現実の種姓や諸法の差別を述べることで終わる、という如来蔵思想共通の差別思想を表している」と述べ、次のように指摘をする（以上は松本史朗『縁起と空――如来蔵思想批判』大蔵出版、一九八九年、五～七頁による）。

この「原理的な同一、無差別を言うことによって、かえって現実的な差別を肯定し、絶対化する」という構造は、如来蔵思想に基いた日本の本覚思想にも見られたのであり、この点については、袴谷憲昭氏の「差別事象を生み出した思想的背景に関する私見」という論文に指摘された通りである。袴谷氏のこの論文は、道元の思想の根本を、本覚思想批判、如来蔵思想批判に見いだし、この道元の根本思想が、その後の曹洞宗の歴史において、道元が批判した対象であった本覚思想によって、いかにとって代わられて来たかを生々しく示したものである。（松本、前掲書、七頁）

「基体説」の構造

松本氏の考える“dhātu-vāda”とは、「如来蔵思想」の本質的構造を為すもので、“dhātu”とは置く場所を意味し、「基体」とか英語にいう“Locus”（界。Lと略す）で、それは同時に“dhātu”（＝ātman アートマン）でもあり、その「基体」から様々な“super-locus”（法）、すなわち

“dharma”（ダールマ。Sと略す）を生じさせる、ものである。“dhātu-vāda”の構造上の特徴は、松本氏によれば次の六点である。

① LはSの基体（locus）である。
② 故に、LはSを生じる〔原因である〕。
③ Lは「単一」であり、Sは「多」である。
④ Lは「実在」であり、Sは「非実在」である。
⑤ LはSの本質（ātman）である。
⑥ Sは「非実在」ではあるが、Lから生じたものであるから、またLを「本質」とするから、ある程度の「実在性」をもつ、または、「実在性」の根拠をもつ。

（図参照。松本、前掲書。五頁。説明文のカギカッコは筆者補）

しかし松本氏は、右の指摘ののち、袴谷氏の先述した論考への批判をすると共に、道元の「辨道話」における「心常相滅」説（＝「身滅心常」説）批判を、「仏性顕在論」による「仏性内在論」の批判であるとする。

道元が「心常相滅」説批判に使用した「辨道話」の記述における「いはんや常住を談ずる門には、万法みな常住なり」（先述の「辨道話」引用中の傍点を施した箇所）ということなどについて

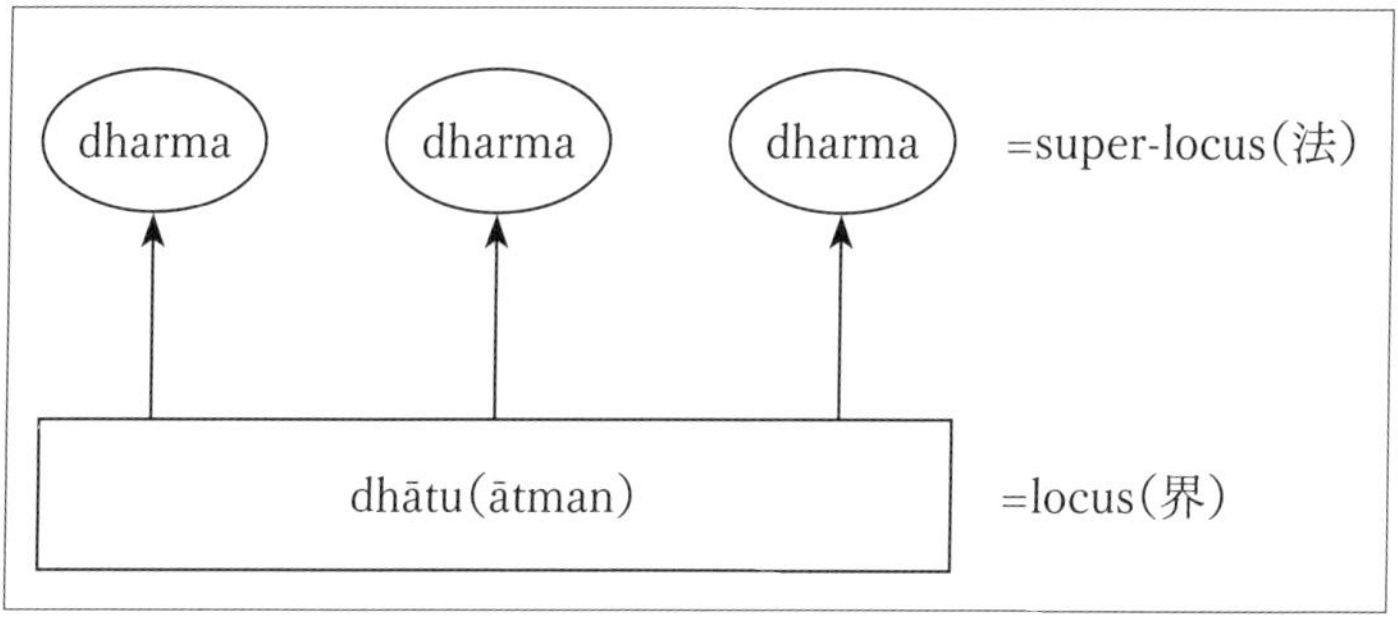

も、ここには天台本覚思想の「当体即妙」(=あらゆるものは各自そのままで絶対である、ということ)の論理が認められ、その「当体即妙」の論理は、「衆生は衆生のままでよいのだ」「煩悩は煩悩のままでよいのだ」という、いわば「居直り」の論理ともなることは明らかであるが、『眼蔵』の読解においても、この「当体即妙」の論理に対する理解が必要である、と指摘をしている(松本史朗『道元思想論』大蔵出版、二〇〇〇年、四七頁)。

松本氏はまた、「心常相滅」説は、正しくは「身滅心常」説と呼ぶべきものであろうとし、それは「本覚思想」と称すべきではなく、「如来蔵思想」と把握すべきであり、それは氏の言う、"dhātu-vāda"の構造を持つものである、という。

結果、氏は、「如来蔵思想とは、基本的には、ヒンドゥー教のātman(アートマン)論の仏教版(Buddhist version)に他ならないと考えている。つまり、ヒンドゥー教のātman論が、特に大乗仏教成立以後、仏教の内部に侵入し、仏教的表現を衣装にまとって成立したのが如来蔵思想である」とし、次のように述べる(松本史朗「如来蔵思想と本覚思想」『駒澤大学佛教学部研究紀要』第六三號、二〇〇五年三月、三一二頁）。

このように、原理としては平等を説きながらも、現実としては差別を肯定するという立場は、正に“dhātu-vāda”の本質的な構造にもとづいている。何となれば、“dhātu-vāda”においては、基体（L）の単一性（平等）は、超基体（S）の多性（差別）を解消するどころか、かえって、それを確固たるものとして維持し根拠づける原理となるからである。つまり、「仏性」という基体の単一性（平等）が、その上に置かれる「種姓」（gotra ゴートラ）という超基体の多性（差別）を根拠づけているのである。

この〝基体の単一性（平等）が超基体の多性（差別）を根拠づける〟という dhātu-vāda の構造は、実はヒンドゥー教の一元論（ātman 論）の根本構造であり、ヒンドゥー教のカースト制も、この構造にもとづいているということを、理解する必要がある。

（中略）

かくして、如来蔵思想は、差別的な ātman 論である dhātu-vāda を構造とすると考えられる。しかるに、仏教の本質である縁起説は、この dhātu-vāda と同じではない。むしろ、それを否定するために構想された説であると考えられるから、〝如来蔵思想は仏教ではない〟という主張が成立するのである。（松本、前掲『紀要』論文、三〇八〜九頁）

「如来蔵思想」と差別

筆者としては一、二の点をのぞき、以上の松本氏の指摘は、正鵠を得ているものと見なしている。先に提示された「辨道話」ないし七五巻『眼蔵』「即心是仏」の巻および「仏性」の巻などの「先尼外道」等に関する道元の議論に限って言えばそれは、松本氏の言うごとく、「仏性顕在論」による「仏性内在論」の批判であるとみなすべきであろう。のみならず、右に指摘された「ヒンドゥー教の一元論」による「カースト制」も、氏の指摘の通りであると考えられる。

インドにおける「カースト制」の研究書等は汗牛充棟ただならぬものが存在するが、右の松本氏の指摘と関連すると思われる研究を一例だけ見てみよう。それは歴史人類学（社会人類学）の書で、田辺明生著『カーストと平等性――インド社会の歴史人類学』（東京大学出版会、二〇一〇年）の中で言及されているものである。田辺氏は、インド社会には三つの価値がある、それは〈地位のヒエラルヒー〉、〈権力の中心性〉および〈存在の平等性〉であるという。

氏は右のうち〈存在の平等性〉について、「インドの伝統思想における存在の平等性の価値は、現象世界の背後あるいは内奥にあると措定される存在のレベルにおいて、すべてのものは等しく同一であるというものだ」と述べる。

そしてこの、すべての存在は等しく、あらゆる人間は救われるという〈存在の平等性〉という価値は、インドの歴史社会に対し決定的に重要な倫理的基盤を提供してきたが、「多様なかたちにおいて世界に内在し遍満するそれは、同時に一なる超越的存在でもある。つまりヒンドゥー教では、内在的多のなかに超越的一をみるのだ」という。こうした考え方は「多一論」と呼ぶべきものであるとし、次のように述べる。

> インドの思想伝統のなかで最良の可能性をもつのは、こうした〈多一論〉にもとづく〈存在の平等性〉の価値ではないかと私は考えている。それは、絶対存在、神あるいは仏は、超越するものであると同時に、世界に遍満し個々のものに入り込んでいるという考えである。これは、すべての生きとし生けるものそして非生物さえもが、どれも存在論的なレベルにおいては等しい。本質を同じくするということを指す。
>
> ……こうした思想は、仏教を通じて日本も受け入れている。それはまず、如来蔵思想、つまり、すべての人に如来たる可能性、すべての人に仏性があるとする考えかたとして、日本に入ってきた。そしてそれは本覚思想、つまりわれわれには本来清浄な悟りの智慧が備わっているとする考えかたへと発展したのであった。（田辺、同書、七頁、傍点、引用者）

右の中で田辺氏は、〈多一論〉にもとづく〈存在の平等性〉はインドの思想伝統の中で最良の可能性を持つもの＝価値であると指摘し、かつ、そうした存在の平等性は、「地位と権力の構造を超えたところにありながら、同時に、構造の再生産と変容を支える基盤でもあった」（田辺、同書、八頁）とし、それはポスト植民地を超えて「インド社会の再構築と再解釈の過程のなかで新たな役割を果たそうとしている」と述べている。

しかし、この見方は、先の松本氏が指摘をした「如来蔵思想」こそが差別思想を再生産する構造を備えており、インドのヒンドゥー教の一元論こそがカースト制の元凶であって「『原理的な同一、無差別を言うことによって、かえって現実的な差別を肯定し、絶対化する』という構造は、如来蔵思想に基いた日本の本覚思想にも見られた」という指摘と、真っ向から対立するものであろう。

そもそもヒンドゥー＝カースト制は、その思想からして「各カーストの職業や慣行が浄・不浄の観点から評価され、最清浄であるバラモンを最高位とし、不可触民（とされてきた人々＝筆者注）のカーストを最下位とするランキングが定められている」（山崎元一『南アジアを知る事典』）ものであり、それは「存在の平等性」ではなく、むしろヒンドゥー社会における「存在の不平等性」をうたうものなのだ。

田辺氏の見方は、錯誤に基づいているのではなかろうか。インド社会に変革をもたらす思想というなら、それは近代西欧に基盤を持つ「民主主義」や「人権思想」などであろう。現に、インドにおけるカースト社会の身分差別と闘ってきたアンベードカルの思想や、それに基づくダリット（「抑圧されている者」の意）解放運動などは、それらに多くを拠っているのである。

道元の「本覚思想」・「如来蔵思想」批判

さて、本覚思想の研究それ自体は、明治以降、島地大等、硲慈弘《はざまじこう》、田村芳朗氏らの各氏によって研究されてきているが、道元と「本覚思想」（「如来蔵思想」）との関係に着目したのは、管見の限り、春日佑芳氏の『道元の思想――「正法眼蔵」の論理構造』（ぺりかん社、一九七六年、一四～八頁）などがいち早くこの問題に触れている。一九八五年には山内舜雄氏の『道元禅と天台本覚法門』（大蔵出版）なども刊行されている。

春日氏の主著の『道元とヴィトゲンシュタイン』（ぺりかん社、一九八九年）では、その立場をより一層すすめ、「若くして仏道に入った道元が疑問をいだき、また、その生涯を通じて批判したのは、当時の仏教に広く見られる、いわゆる本覚思想であった」（一七七頁）と言い切っている。

しかし、道元が「本覚思想」・「如来蔵思想」を批判したのは事実と見なされるものであるが、それは「徹底」されていたか、という点については、そうではないのではないか、という石井修道氏の指摘（石井『道元禅の成立史的研究』大蔵出版、一九九一年）などがあり、この点についてはより吟味が必要な点であることについては注意が必要であろう。

ところで筆者は先に、松本氏の指摘に対し「筆者としては一、二の点をのぞき、以上の松本氏の指摘は、正鵠を得ているものと見なしている」と述べたが、「一、二の点」というのは、道元の思想を、松本氏の如く「仏性顕在論」による「仏性内在論」の批判である、と見るだけでは不

十分ではないのか、とみなしているからである、

筆者の観点では道元が「本覚思想」・「如来蔵思想」批判をしたことは「そのとおり」とうけがえるものであるが、それを克服するに道元は、「行為論」(「修」、修証一等あるいは仏道修行、あるいは「心身一如」における「身」の問題など)を持ってきたとも思われ、それらが『眼蔵』を構成する重要な要素ともなっていると見なされるが、これらについては、いまだ未検討であると思われるからである。

加えて道元の『眼蔵』研究には、いまだ手つかずの「言語と行為」の問題、すなわちジョン・サールやJ・L・オースティンなどが言う「言語行為論」の問題等も横たわっていよう。ただ、ここでは、いま指摘した事柄等について、これ以上に詳述するいとまはなく、これについての詳しい検討等は、他日に譲らざるを得ない。

西有穆山《にしありぼくざん》の呪縛

さて、ここで先に提示した、「現成公案」の巻の「公案」という用語の問題にもどろう。「公案」ということに関し、先の『禅学大辞典』の(2)の解釈に先だって、いち早く同様の見解を展開している師家《しけ》に、西有穆山《にしありぼくざん》(一八二一〔文政四〕~一九一〇〔明治四三〕、總持寺独住三世貫首)があげられよう。

師家とは、禅宗で修行僧を指導する力量を具えた者をさす尊称であるが、西有穆山は、たんに

修行僧の指導者にとどまらず、『眼蔵』解釈においても、現在に至るまで、多大な影響を及ぼしている師家と言い得よう。

いやむしろ現在の『眼蔵』解釈においても、この西有穆山による解釈を、そのまま踏襲している解釈が、ほとんどと言っても過言はないほどである。とりわけ「現成公案」の巻の解釈に関しては、それがはなはだしく顕著なのである。

この西有穆山による「現成公案」の巻の解説を、『正法眼蔵啓迪《けいてき》』(上巻、富山祖英聞書、榑林皓堂編、大法輪閣、一九六五年)によって見てみよう。ここで「啓迪」というのは、「ひらき導くこと」の意である。西有は「公案」ということについて、次のように述べる。

> 文字について義を分けるところだが、この中で今は公案というのが肝要じゃ。公案というのは公府の案牘《あんとく》ということで、公府とは政府、案牘とは法令である。一国には一国の公府があり、一郡には一郡の公府があり、一村には一村の公府がある。公府があれば必ず案牘がある。この案牘は出ては還らぬ。いかなる努力も動かすことができぬものだ。これが公案である。
>
> ところで今は、この動かせぬ、改められぬということが肝要である。では何でそれが公案じゃといえば、法界《ほっかい》は大小殊劣を論ぜず、微塵も動かす能《あた》わざるものだ。何でそれが動かぬというに、法界はすべてあり目通りで、あり目通りは決して動かぬ。山といえば山は決して

動かせぬ。海といえば海は決して動かせぬ。一切諸法が皆そうじゃ。決して改められぬ、これを公案という。(二八一頁。傍点は引用者)

見られるように西有穆山は、典拠をあげず、「公案」というのは公府の案牘《あんとく》、すなわち政府の法令のようなものであり、それは絶対的に動かせぬ真理と同じである、その案牘のように全世界(法界)は、ありのまま(あり目通り)で真理を顕現し、しかるが故に一切諸法もそうなのだ、それが公案ということなのだ、という。

この西有の「公案」の解説は、先の『禅学大辞典』で見た(2)の解説とまったく同じであると見なしてよいと思われるが、西有が江戸から明治にかけての師家であったという時間的前後関係を考慮するなら、むしろ『禅学大辞典』のほうが西有の解釈を採用したもの、と見なされよう。

西有のここでの「公案」の解釈は、先に確認したように、これは「本覚思想」・「如来蔵思想」と見なすべきものである。

しかし、いずれにせよ道元は「現成公案」の巻で、西有が述べるような説示を、本当に試みたのであろうか。

筆者は、これに対して、否《いな》、と考えるものである。次節以下で、この点について見てみよう。

二　仏教へのいざない——認識と実践

「公案」再考

「現成公案」の巻における「公案」という用語は、先の西有を始め、様々に解釈され、まさに汗牛充棟ただならぬ著述が存在している。筆者がここで「現成公案」の巻について何事かを述べようとするのは、まさに屋上屋を重ねるの愚をおかすことになろうが、ここでは敢えて、その「愚」をおかさざるを得ない。以下はその試みである。

「現成公案」の巻における「公案」という用語について汗牛充棟ただならぬ著述があると述べたが、管見のかぎり、そのほどんとは西有の解釈によるか、あるいはその亜流と見なされるものである。

岸沢惟安氏の『正法眼蔵全講』第二巻

水野弥穂子氏校注の岩波文庫版『眼蔵（一）』
河村孝道氏校注の春秋社版『道元禅師全集』第一巻
石井恭二氏の『正法眼蔵Ⅰ』

等々における「現成公案」の巻の解釈は、それらは何れもが、結局は、先に見た、西有の解釈の範疇を出ていない、と見なされるものである。

念のため、ここではその一例を確認してみよう。春秋社版『眼蔵』は、『道元禅師全集』（一九九一年）として、その第一巻と第二巻に収められている。この春秋社版『眼蔵』の監修は、酒井得元・鏡嶋元隆・桜井秀雄の各氏、「現成公案」の巻の校註者は河村孝道氏である。これには「現成公案」の巻の〈解題〉として、次の文が校註となっている。

現事実としてあるすべての存在（万法）は、その箇々それぞれ（諸法）が、無常現成（「万法ともにわれにあらざる時節」＝縁起空）のいのち存在としてかけがえのない絶対の真実（仏のいのち）そのものとして在りえている。この存在本来の事実を、現実日常に於てどのように受容していくか、その具体的なあり方・ありよう（修証の実際）を説く。（傍点は原著者）

この「現成公案」ということに関し、「現事実としてあるすべての存在（万法）は、その箇々それぞれ（諸法）が、無常現成（「万法ともにわれにあらざる時節」＝縁起空）のいのち存在としてかけがえのない絶対の真実（仏のいのち）そのものとして在りえている」という右の〈解題〉の言説は、明らかに先の西有の「現成公案」の巻の解釈を受け継いでいると同時に、「本覚思想」および「如来蔵思想」としてこれを解釈していよう。

　のみならず、この解説は、「いのち存在としてかけがえのない絶対の真実（仏のいのち）そのものとして在りえている。この存在本来の事実」と言うことで、イギリスの（文化）人類学者、タイラーが唱えた「アニミズム」（animism）の説明ともなっていよう（E・B・タイラー『原始文化』、原著一八七一年）。アニミズムとは、生物・無機物を問わない、すべてのものの中に霊魂、もしくは霊が宿っているという考え方で、この語はラテン語のアニマ（anima）に由来し、気息・霊魂・生命といった意味である。

　歴史的に展開されてきた日本社会においては、このアニミズムにおいて文化観や宗教観が展開されてきた。「ご神木」や「ご神体」、あるいは神道行事のお祭りや「ご先祖」を祀る先祖崇拝の慣習、霊魂観などは、まさにこのアニミズム以外のなにものでもない。それは人間を含めた自然を「いのち存在」と認識することで成立をしてきたと言えるのである。

　が、アニミズムの問題は、ここではしばらく措くとしても、先に見たように、右の春秋社版の校註は、明らかに西有穆山の『正法眼蔵啓迪』における「公案」の解釈を踏襲したものである、

と見なされよう。しかもそれは先の、

本覚思想は、一般的には具体的絶対論ないし絶対肯定の思想と称しうるものであるという。つまり、具体的な現実の事象をそのまま絶対とみなし、また肯定すること。

という、「本覚思想」または「如来蔵思想」と、まったく軌を一にしていると見なされるものであろう。

しかしながら、少なくとも「現成公案」の巻における道元の言説は、こうした「アニミズム」や「如来蔵思想」を前提として述べられてはいないと見なされよう。

中国・禅語研究の第一人者、入矢義高氏は、『増補 求道と悦楽』(岩波文庫、二〇一二年)の中で、次のように述べている。

そもそも禅とは、いかなる形であれ唯一絶対の究極的価値などというものの措定を厳しく否定する教えであったはずである。(同書、四頁)

筆者自身は、右の入矢氏の指摘は「禅(語)」に対する指摘として、やはり正鵠を得ているものと見なしているが、先のような事例を見てくると、これとは異なる見方で席巻されてきたと思わざるを得ない。その具体的な事例が、この「公案」解釈などであろう。『眼蔵』に関連した「公案」の解釈は、西有流で席巻されてきた、とも言えよう。ただしかし、「公案」解釈において、西有流の解釈によらないもの、も、もちろん、存在をする。

たとえば中国禅宗史研究者で多くの著作がある柳田聖山《せいざん》氏は、『眼蔵』の「現成公案」ということを、「完全に裁かれた問い」と現代語訳をあて、「公案とは、裁判の意であり、人がつねに審《さば》かれている事実を指す。生きるとは、そんな審きに答えることにほかならぬ」と述べている（柳田聖山「現代史としての道元」、柳田聖山編『思想読本 道元』法蔵館、一九八二年、一八三頁）。柳田氏の「完全に裁かれた問い」というのが「公案」である、というのは何を典拠として、そのように述べたのかは不明であるが、西有流の解釈を否定する直近の図書で、もう一名をあげるとするならば、南直哉《じきさい》師の『「正法眼蔵」を読む——存在するとはどういうことか』（講談社、二〇〇八年）があげられよう。南師は、公案は、「問い」としての「公案」である、と述べ、次のように述べる。

「政府の法律」を変えられない決まりと考えるのもひどい誤解だが、中国における「公案」の元の意味は、公的機関、特に司法機関が処理すべき案件のことである。これが禅宗においては、修行として取り組むべき問題・課題の意味に転じ、とりわけ過去の祖師の問答や言行録から採られた研究課題の意味として使われるようになる。

すると、「現成公案」は、現にそう成っている事象・事物が、我々の取り組むべき問題なのだと言っていることになる。すなわち、これは「存在するとはどういうことか」という問いかけなのである。「問い」を言うのであり、「真理」を説いているのではない。（二八〜九頁）

この南師の公案ということに対する解釈は、先の『禅学大辞典』の(1)の解釈の、「遵守すべき絶対性を意味する」というのを除き、「転じて禅門では、仏祖が開示した仏法の道理そのものを意味し、学人が分別情識を払って参究悟了すべき問題とされる」という解釈と、やや近い解釈を採用しつつ（もちろん南師自身がこの箇所を援用した、ということではない）、それは「問い」としての「公案」であり、これは「存在するとはどういうことか、という問いかけなのである」ということである。

筆者自身は、この南師の解釈に半ば同意をするものである。それは、「現成公案」の巻には、確かに氏の指摘する内容が含まれている、と思われるからである。

ただしかし、この「現成公案」の巻の特徴が「存在するとはどういうことか」ということのみでくくられるか、という点については、もう少しの考慮が必要であろうと筆者は考える。

というのは、禅の言葉は、「何が問われ、何が言われているか」ということもさることながら、「どう言われているのか」という点も、重要な点となる、ということからである。

右の指摘は、中国古典研究者の入矢義高氏の指摘（「ことばと禅」『増補 自己と超越』岩波文庫、二四七頁）であるが、筆者の見方からすれば、それは「現成公案」の巻においても、重要な要素となっていると思われるのである。

先に見たように、「現成公案」の巻は、「俗弟子、楊光秀にあたふ」という奥書を持つ巻であった。とすれば、この巻は、「何が言われているか」ということと同時に、「どう言われているのか」という視点がはずせないもの、と考えられるのである。この点を踏まえて、以下、筆者なりに「現成公案」の巻の幾つかの特徴を見てみよう。

「現成公案」をどう読むか

さて、「公案」ということの解釈が、「ありのままで絶対」などという「本覚思想」・「如来蔵思想」によらない解釈は、実は入矢義高氏監修の『禅語辞典』（古賀英彦編著、思文閣出版、一九九一年）に見えている。この『禅語辞典』による「現成公案」という項目では、次のように記述をされている。

【現成公案】
現にそのままが（判決を前にした）案件だ。相手の出かたを、犯人の出頭と見立てて、その過誤を自覚させようとする方便。〔伝灯録十九雲門文偃《ぶんえん》章〕睦州和尚纔見僧入門来、便云う、――故汝三十棒。〔中峯広録十一之中〕無辺衆生、各各脚跟下、有一則――、霊山四十九年詮註不出、達磨万里西来指点不破。至若徳山臨済、模索不著。（筆者注＝――はママ。「現成公案」の文字が入る。〔伝灯録〕は中国北宋代の禅僧の伝記『景徳傳燈録《けいとくでんとうろく》』。〔中峯広録《ちゅうほう》〕は元の代表的禅僧、中峰明本の語録）

『禅語辞典』の監修者である入矢義高氏は前掲書『自己と超越』に収められた論考の中で、とりわけ禅語の解釈においては、

その箇々の言葉の解明というと、極めて単純な、それしかない方法、つまり用例をたくさん集めて、そこから帰納して意味を決定するという方法しかございません。（二四四頁）

と述べているが、これは入矢氏が中国の戯曲、元《げん》曲の学習の際に用いられた方法であるとされているが、それは禅語の解釈においても、その通りであると首肯すべきものである。右の『禅語辞典』による定義では、具体的な用例として『伝灯録』ほかがあげられている。

とするなら、右の「現成公案」という言葉の解明は、この『禅語辞典』による「現成公案」の解釈、すなわち「現にそのままが案件だ。相手の出かたを、犯人の出頭と見立てて、その過誤を自覚させようとする方便」ということを踏まえて解釈することが妥当であろう。

ただしこの場合、道元があてた「現成公案」の巻の奥書にある「俗弟子、楊光秀」は、もちろん犯罪者ではない。従ってそれは、「現にそのままが案件」である、ということを、「俗弟子、楊光秀」当人の（世界に対する）認識の「過誤」をも含めて、「自覚させようとする方便」である、と見なすことには、まったく差し支えがないもの、と考えられる。

この「俗弟子、楊光秀」というのは、もちろん俗にいう「一文不知のともがら」とはまったく異なり、そうとうの知識人と見なされる存在であろう。少なくとも道元の述べた内容を理解し得る可能性を持った人物あるいは仏道に入る可能性を備えた人物に、道元は「現成公案」の巻を「与えた」と見なされるのである。

この点で、「現成公案」の巻は、「現にそのままが案件」である、ということは、世界がどう捉えられ、どういうことなのか、そのような世界で、（仏法者として生きる、という選択をした場合において）人は、どのように主体として行動すべきなのか、「案件」としての世界の現成の認識と時間、それに対峙する仏法世界で修行するとはどういうことなのか、等々について、「俗弟子、楊光秀」に向けて、述べられた巻である、と見なされよう。

すなわち「現成公案」の巻は、とりわけ「俗弟子、楊光秀」に対して、たんに道元の仏法に対する認識や世界観を述べるのみでなく、「俗弟子、楊光秀」に対して、仏教へのいざない、修行を勧める意図で述べられている巻、であると考えられるのである。

「現成公案」の巻の核心

筆者の観点からすれば、以上の点が顕著に表れている箇所は、あまりにも有名な「現成公案」の巻の冒頭部分と、「現成公案」の巻の最後部分にあたる、麻浴山宝徹《ほうてつ》禅師の「扇を使うこと」の問答とに、より顕著に表れている、と考えている。

それは、「現成公案」の巻の冒頭の部分と、終わりの部分の、麻浴山宝徹禅師の「扇を使うこと」の問答に関することとが、「俗弟子、楊光秀」に対する「仏法へのいざない」として、対応関係にある、すなわち呼応している、と見なされるからである。

ではそれは、どういうことか。とりあえず、以下に「現成公案」の巻における、当該箇所の原文と、その訳を見てみよう。

まず冒頭の部分。原文引用は冒頭部分を(1)とし、終わりの問答部分を(2)としている。現代語訳は水野弥穂子訳註『原文対照現代語訳 道元禅師全集 第一巻 正法眼蔵I』（春秋社、二〇〇二年）による。

ただしこの現代語訳は、一応の便宜のため添えたもので、訳そのものが「本覚思想」に引きずられた箇所も見え、筆者が解釈する文脈では妥当ではないと思われる箇所も少なくはない。この点はのちに補いながら、次にこの箇所を見ていこう。

(1)
諸法の仏法なる時節、すなはち迷悟あり修行あり、生《しやう》あり死あり、諸仏あり衆生あり。万法ともにわれにあらざる時節、まどひなくさとりなく、諸仏なく衆生なく、生なく滅なし。

仏道もとより豊倹より跳出《ちようしゆつ》せるゆゑに、生滅あり、迷悟あり、生仏あり。しかもかくのごとくなりといへども、花は愛惜《あいじやく》にちり、草は棄嫌《きけん》におふるのみなり。

〔現代語訳〕

諸法（四大五蘊《うん》、十八界）が仏法である。その時節、そのままで迷いと悟りがあり、修行があり、生があり死があり、諸仏があり、衆生がある。

万法（と言われる、あらゆるものごと）すべてそれ自身一定したものはない。その時節、迷いもなく、さとりもなく、諸仏もなく衆生もなく、生もなく滅もない。

仏で生きる生き方は、本来豊（あり）倹（なし）という相対の世界から跳び出ているのであるから、（その上で）生と滅もあり、迷と悟もあり、衆生と仏もある。それはそういうことなのであるが、花が咲けば愛惜の心が起こるが、愛惜のまま花は散るのであり、草が生えれば棄て嫌う心が起こるが、嫌われながら草は生えるばかりである。

(2)

麻浴山宝徹禅師、あふぎをつかふちなみに、僧きたりてとふ、「風性常住、無処不周なり。なにをもてかさらに和尚あふぎをつかふ。」師いはく、「なんぢただ風性常住をしれりとも、いまだところとしていたらずといふことなき道理をしらず」と。僧いはく、「いかならんかこれ無処不周底《ち》の道理。」ときに師、あふぎをつかふのみなり。僧礼拝す。

仏法の証験、正伝の活路、それかくのごとし。常住なればあふぎをつかふべからず、つかはぬをりもかぜをきくべきといふは、常住をもしらず、風性をもしらぬなり。風性は常住なるがゆゑに、仏家の風は天地の黄金なるを現成せしめ、長河の蘇酪《そらく》を参熟せり。

〔現代語訳〕

(馬祖《ばそ》の法嗣《はっす》)麻浴山《まよくざん》宝徹禅師が扇を使っていた時、僧が来てたずねた。「風性常住、無処不周である、何でその上、さらに和尚は扇を使うのか」。

師(麻浴)が言った、「きみはただ風性が常住(いつでもある)ということを知っているけれども、どこといって、行きわたらないことはないという道理(具体的なすじみち)がわかっていない」。

僧が言った。「無処不周底の道理とはどういうことですか」。その時、麻浴山宝徹禅師は扇を使うだけであった。僧は(その意味をさとって)礼拝した。

仏法の真実の実証とその験《しるし》（個々の人に）正伝する生き生きとしたあり方は、こういうものである。常住といつでもあるのなら、扇を使う（修行をする）こともないはずだ、扇を使わない（修行をしない）時も風に当たる（仏で生きる）ことができるはずだというのは、常住ということの意味も知らず、風性（仏性の具体的な意味）も知らないのである。

風性（仏性）は常住である（いつでもある）からこそ、仏家の風（修行の生活）は、（修行によって）大地は黄金の大地であったことを現実のものとし、長河（揚子江）の水が蘇酪という、牛乳から作った上等の飲み物であったことを、現実のものとしているのである。

「諸法」

まず(1)である。(1)の、「諸法の仏法なる時節、すなはち迷悟あり修行あり、生あり死あり、諸仏あり衆生あり」という文脈は、明らかに、次の「万法ともにわれにあらざる時節、まどひなくさとりなく、諸仏なく衆生なく、生なく　滅なし」と、対峙的な文脈となっている。

また、一見する限りでは、「諸法」（もろもろの法）と次の行の「万法」（よろずの法）とは、同じ「法」が付いていても、異なった意味合いで使用されているようにも見受けられる。

筆者は、前者の「諸法」については、仏道修行をしている場合の、「諸法」と受け止める。なぜなら、その場合にのみ見《まみ》える、「現成」（現にそうなっている）の「公案」（としての世界）こそ、「諸法」として認識されるもの、と道元が受け止めている、と考えられるからである。

コンピュータによるデータベース上での「辨道話」と祖録からの漢文引用を含む『眼蔵』中における「諸法」という用語を検索すると、その数は、全部で一四六箇所、そのうち、「諸法」と「実相」をテーマとする「諸法実相」の巻では、四〇箇所に登場する。

これらの用例のほとんどは、仏道修行上における「諸法」であるとみるべきものである。『眼蔵』中における「諸法」という用語の一四六箇所にわたる検索事例のすべてをここで見ることは不可能なので、その中の一部の事例ではあるが、以下の検索事例の「文脈」を参照されたい（事例の番号は便宜的に付与したもの。以下、本書での事例の引用は同様。傍点は引用者）。

(1) こゝをもて、わづかに一人一時の坐禅なりといへども、諸法とあひ冥《みょう》し、諸時とまどかに通ずるがゆゑに、無尽《むじん》法界のなかに、去《こ》来現に、常恒《ごう》の仏化《ぶっけ》道事をなすなり。（「辨道話」）

(2) 般若波羅蜜多《はらみった》は是諸法なり。この諸法は空相なり、不生不滅なり、不垢《ふく》不浄、不増不減なり。（「摩訶般若波羅蜜《まかはんにゃはらみつ》」）。

(3) 諸法の空なるにあらず、諸法の諸法ならざるにあらず、悉皆《しっかい》解脱なる諸法なり。（「行持・下」）。

(4) 諸法は究尽《ぐうじん》参究の唯《ゆい》仏与《よ》仏なり、唯《ゆい》仏与《よ》仏は如是《にょぜ》相好なり。（「諸法実相」）。

(5) これを妙法蓮華経ともなづく、教菩薩法なり。これを諸法となづけきたれるゆゑに、法華を国土として、霊山《りょうざん》も虚空もあり、大海もあり、大地もあり。これはすなはち実相なり、如是なり。（「法華転法華」）。

見られるように、「諸法とあひ冥し」（「辨道話」）、「般若波羅蜜多《はんにゃはらみった》は是諸法なり」（「摩訶般若波羅蜜《まかはんにゃはらみつ》」）、「悉皆解脱《しつかいげだつ》なる諸法なり」（「行持・下」）、「諸法は究尽《ぐうじん》参究の唯仏与仏なり」（「諸法実相」）、「これを妙法蓮華経ともなづく、教菩薩法なり。これを諸法となづけきたれる」（「法華転法華」）、などといった文脈からは、「諸法」という用語が、仏道修行上における（または立ち現れる）「諸法」、として使用されている、と見てよい。

ちなみに、春日佑芳氏の『道元とヴィトゲンシュタイン』では、道元のいう「諸法」とは、私たちが眼前にみる（無心になりきって見た、ありのままの）世界ではなく、むしろ諸仏の法、すなわち諸仏が説き、諸仏が行じてきた人間の生き方、行法をいうものである、とし、「諸法」とは行法のことである、と述べられている（同書、一九〇頁）。

以上からすると、「現成公案」の巻の最初の一行の、「諸法の仏法なる時節、すなはち迷悟あり……衆生あり」というのは、仏道修行上においてまみえる（または立ち現れる）「諸法」であり、その時節において、すなわち、その場合に限り、「迷悟あり修行あり、生あり死あり、諸仏あり衆生あり」ということを経験し認識し立ち会えるものなのだ、ということになろう。

とするなら問題は、「諸法」という語の解釈だけが問題なのではなく、「諸法の仏法なる時節」が問題となろう。筆者は、これは、仏《ほとけ》の教えを信じ仏教に入門した者、仏教徒となって修行する者がまみえる世界、を前提とした「時節」と考える。

すなわち、ここでの「諸法の仏法なる時節」とは、「もし、あなたが仏の教えを信じ仏教徒となって修行するならば」、という前提に立った上での「諸法の仏法なる時節」という意味であり、その「時節」には、あなたは真の意味で、「迷悟あり修行あり、生あり死あり、諸仏あり衆生あり」ということを経験する（認識する）はずだ、ということを折り込んでいる、ものと見なされる。

もし、右の場合でなかったら、というのが、次の「万法ともにわれにあらざる時節、まどひなくさとりなく、諸仏なく衆生なく、生なく滅なし」という文節であろう。

すなわち、もし、あなたが仏の教えを信じることなく仏教徒になることが無ければ、もしくは、仏教徒となったとしても、（道元の考える）「正法」に則った修行をしなければ、その「時節」には、世界は、単なる、「万法」の世界としてのみ現れ、（仏教徒として生きれば経験するはずの）「まどひ（迷いは）なくさとりなく、諸仏（に逢うことも）なく衆生なく、生なく滅なし」の世界となる、というのである。

「万法」

さて、先に「一見する限りでは、『諸法』（もろもろの法）と次の行の『万法』（よろずの法）とは、同じ「法」が付いていても、異なった意味合いで使用されているようにも見受けられる」とした、「万法」ということについて見てみよう。

コンピュータによる「辨道話」と漢文引用を含む『眼蔵』における「万法」という用語の検索では、三一件である。そのうち、「現成公案」の巻での使用例は九箇所にわたっている。「諸法」という用語の出現数、一四六箇所と比較すると、その出現箇所は圧倒的に少ない。ただし用例は、「諸法」と同様の使用例も少なくない。「万法」という用語の事例の幾つかを見てみよう（傍点、引用者）。

(1) 自己をはこびて万法を修証するを迷とす、万法すゝみて自己を修証するはさとりなり。（「現成公案」）

(2) 万法諸境ともかくもあれ、霊《りょう》知（不可思議な力で知ることができるもの）は境《きょう》とゝもならず、物とおなじからず、歴劫《りゃくごう》に常住なり。（「即心是仏」）

(3) もし画は実にあらずといはゞ、万法みな実にあらず。万法みな実にあらずば、仏法も実にあらず。（「画餅《わひん》」）

(4) 通を学せるもの通徹のとき、万法をもみる、一法をもみるがゆゑに、一塵《じん》を学するもの、のがれず尽界《じんかい》を学するなり。（「諸悪莫作《まくさ》」）

(5) 心および諸法、ともに自他共無因にあらざるがゆゑに、もし一刹那《せつな》この菩提心をおこすより、万法みな増上《ぞうじょう》縁（法の生じることを助ける縁）となる。（「発《ほっ》菩提心」）

『眼蔵』中、「諸法」より「万法」という用語が圧倒的に少ない理由については確かなことは言い得ないが、ここからわかる事柄は、道元は、「現成公案」の巻で、九箇所で「万法」という用語を使用し、それ以外の巻々では「万法」という用語は、二二箇所にしか登場させていない。道元は、「現成公案」の巻をのぞけば、他の巻々では「万法」の語より、「諸法」という言い方を多用している（重用している?）、ということは言い得よう。

とするなら、「万法」ということに関しては、「諸法」との対立より、やはり「諸法の仏法なる時節」ということと、「万法ともにわれにあらざる時節」ということとの対峙が問題となろう。

水野氏の現代語訳では、「諸法の仏法なる時節」は、「諸法（四大五蘊、十八界）が仏法である。その時節」と訳され、「万法ともにわれにあらざる時節」ということを、「万法（と言われる、あらゆるものごと）すべてそれ自身一定したものはない。その時節」と訳されている。

これはいま述べたように、「諸法」と「万法」とを対立的に捉えている訳である。しかし、この訳では疑義が出てこよう。先に確認したように、道元における、「諸法」と「万法」という語の用法には、それほど差異がない、とすれば、問題は、やはり「諸法の仏法なる時節」ということと、「万法ともにわれにあらざる時節」ということにおける、対峙的な解釈が問題の焦点を結ぶもの、と考えられるからである。

「諸法の仏法なる時節」ということの解釈は先に見たとおりであるが、後者の、「万法ともにわれにあらざる時節」とは、世俗人の当面する世界というよりも、仏教徒となった仏道修行者が、その自己が「万法」とともに存在していない、すなわち、「自己が真の教えに従わず、（道元が考える）真の仏教徒として生きられていない場合、その時節には」、と捉えるほうが、より自然な解釈である、と考えられる。

その場合、その修行する自己がまみえる世界は、「（真の仏道修行者が出逢うはずの）『まどひ（迷いは）なくさとり（も）なく、諸仏（に出逢うことも）なく衆生（も）なく、生（も）なく滅（も）なし』の世界」となる、ということになる。

より端的に言うならば、道元は、ここで二つの立場、道元が考える、「真の仏教徒として行為をし、生きる世界」と、世俗で生きる場合はもちろん、仏教徒となった場合においても、道元が考える、「真の仏教徒としての行為をしないで生きる世界」との、二つの世界を提示している、と見なし得るのである。むろん道元は、前者を前提とする。

真の仏道修行と自己

では道元が考える「真の」仏道修行（行為）とはどういうものか。この説明は、このあとに続く文節で、「迷を大悟するは諸仏なり、悟《ご》に大迷なるは衆生なり」と述べつつ、「諸仏のまさしく諸仏なるときは、自己は諸仏なりと覚知することをもちゐず。しかあれども証仏なり、仏を証しもてゆく」ことなのだ、と言う。

このあとの文節も、仏道修行上における要諦を述べる。すなわち、

仏道をならふといふは、自己をならふ也。自己をならふといふは、自己をわするるなり。自己をわするるといふは、万法に証せらるるなり。万法に証せらるるといふは、自己の身心および他己の身心をして脱落せしむるなり。

と述べ、前節での「諸仏のまさしく諸仏なるとき」とは、どういう状態の場合にそれが言えるのか、ということを敷衍している。結果、道元は、

人、舟にのりてゆくに、めをめぐらして岸をみれば、きしのうつるとあやまる。目をしたしく舟につくれば、ふねのすすむをしるがごとく、身心を乱想して万法を辦肯《はんけん》するには、自心自性《じしょう》は常住なるかとあやまる。もし行李《あんり》をしたしくして箇裏《こり》に帰すれば、万法のわれにあらぬ道理あきらけし。（傍点、引用者）

と述べ、舟に乗った時の「岸（きし）のうつる」と見える錯覚のような修行、すなわち「身心を乱想して万法を辦肯《はんけん》する」ならば、「自心自性は常住なるかとあやま」ってしまうので、「行李《あんり》（正しい修行）をしたしくして箇裏《こり》に帰すれば、万法のわれにあらぬ道理（は）あきらけし（明

らかである)」と、当座の結論を述べる。

とすれば、「万法ともにわれにあらざる時節」とは、「自心自性は常住なるかとあやま」って仏道修行をする者たちの時節、と、そうした考えを持つ人々が仏道修行でそれに費やす時間と行為、をも含んで言われている、と考えられる。

ここで、「自心自性は常住なる」と考える思想は、明らかに「本覚思想」ないし「如来蔵思想」であろう。道元は、これを否定した、と見なされるのである。

「自心自性」は常住にあらず

では、いったい、なぜ道元は、このようなことを言わねばならなかったのか。それは、端的に言えば、道元は、「自心自性は常住なる」と考えている(修行僧も含む)人たち、に対して、新たに自己の考える仏教というものを、説示(提示)・教化をしなければならなかった、からである。

古田紹欽氏の「寛元元年を境とする道元の思想について」(『古田紹欽著作集 第一巻』講談社、一九八一年)では、道元が越前に下向する前の、宇治・興聖寺《こうしょうじ》時代に「示衆」が活発であり、少なからぬ巻が(旧草七五巻のうち四〇巻ほどの『眼蔵』が)示衆・書写されたと述べ、寛元元(西暦一二四三)年以降、道元は臨済禅批判を強めていった、と指摘をされている。

「現成公案」の巻は「摩訶《まか》般若波羅蜜《はらみつ》」の巻と同じ年の天福元(一二三三)年に、前者は「俗弟子、楊光秀」に与えられ、後者は興聖寺《こうしょうじ》で「示衆」とされている。その二年前には「入宋伝《にっそうでん》法沙門道元記」と記された「辨道話」が示されており、天福元年の翌年、文暦元（一二三四）年には懐奘《えじょう》が道元門下となっている。

『眼蔵』の書写をし『正法眼蔵随聞記』などの書で知られる懐奘は、多武峯《とうのみね》に依っていた日本達磨《だるま》宗の大日房能忍《のうにん》下、覚晏《かくあん》の弟子であったが、道元のもとに参じている。同時に日本達磨宗系の僧たちも道元門下となっていく。道元は、この時期、京都・深草の地から宇治・興聖《こうしょう》寺へと、居を変えていった。

古田氏は、興聖寺時代の道元は、円爾《えんに》弁円の東福寺僧団や自分の古巣の建仁寺僧団とも競合・対立を余儀なくされていったのではないか、と指摘をしている。つまり道元はこの時期、臨済系の思想を持つ僧団や新たに道元門下となった僧たちに対し、「入宋《にっそう》伝法沙門道元」としての、そう言ってよければ独自の、のちに言う、「道元禅」の立場を打ち出す必要性があった、と考えられるのである。

先に見た、「光明」の巻の奥書には、次のようにあった。

仁治三年壬寅夏六月二日夜、三更四点、示衆于観音導利興聖宝林寺、于時梅雨霖々《りんりん》、簷《えん》頭滴々、作麼生《そもさんぜ》是光明在、大家未免除雲門《うんもん》道覰破《しょは》。

宇治の興聖寺で仁治三（一二四二）年、しげく雨が軒先を流れる（簷頭滴々《えんとうてきてき》）夜、「三更」（午前零時から午前二時のあいだ）の、修行を終えたあとに記したと思われる「光明」の巻の奥書の示衆で、道元は、「光明はどこに」（「作麼生是光明在《そもさんぜざい》」）、と疑問を提し、「大家未免除雲門《うんもん》道覩破《しょは》」と記す。

この「大家未免除雲門《うんもん》道覩破《しょは》」という箇所について、岩波思想大系本の校注者、寺田透氏は、中国語学者、入矢義高氏の助言により、校注で以下のように記述をしている。

「大家イマダ雲門《うんもん》道ニ覩破《しょは》セラルルヲ免《まぬが》レズ」。

大家は俗語で、皆の人、人々すべての意（入矢）。「人々はみな本来仏祖光明なのだ。それなのに目を注ぎながら見てとらず、無明に堕している。一体諸人は光明なりとはどういうことか」という雲門の問いに見通され（覩破《しょは》）ざるをえぬ。（同書、『道元』上、一六四頁、校注）

道元が「作麼生是光明在《そもさんぜざい》」（「光明はどこに」）と疑問を投げかけ、それに対して「雲門《うんもん》の問いに見通され（覩破《しょは》）ざるをえぬ」と述べたのは、道元の「嘆き」なのであろうか。ちなみに「雲門」とは、中国・唐末から五代の禅僧で雲門文偃《ぶんえん》のこと。公案集『碧巌録』などに多くその言動が取り上げられている僧である。

この時期、興聖寺で道元の説示を聞く周囲には、「人々はみな本来仏祖光明なのだ。それなのに目を注ぎながら見てとらず、無明に堕している」(と道元が考える)人々が、少なからず存在していたであろうことは、右の奥書の記述から窺えるものとなっている。

とするなら、道元の説法の対象となる人々には、日本仏教の通奏低音(常に底流としてある、考えや主張のたとえ)である「自心自性は常住なる」ものと考える人々が、少なからず存在していた、と見なされるのである(いや現在もそうなのであるが)。

以上から勘案するとするなら、「現成公案」の巻の冒頭部分の、「諸法の仏法なる時節」と「万法ともにわれにあらざる時節」という対峙は、「諸法の仏法なる時節」において、道元が考える、「真」(正法にかなう)の仏道修行者とならねばならぬ、という事柄を含むものとなろう。

それはむろん、「俗弟子、楊光秀」のみならず、道元の周囲の僧たち(むろん現在の僧たち)にも向けられた言説なのである。

花は愛惜《あいじやく》にちり、草は棄嫌《きけん》におふるのみなり

さて、「万法ともにわれにあらざる時節……」の次に続く文節は、

仏道もとより豊倹より跳出せるゆゑに、生滅あり、迷悟あり、生仏あり。しかもかくのごとくなりといへども、花は愛惜にちり、草は棄嫌におふるのみなり。

という説示が続く。

ここではもう一度、仏道の「説明」、すなわち「仏道はもとより、あるとか、ないとかの問題を云々するということではない（跳出している）」ものであるとしつつ、しかし、「しかもかくのごとくなりといへども、花は愛惜《あいじゃく》にちり、草は棄嫌《きけん》におふるのみなり」という、まことに難解な文章が続いて提示をされる。

従来、この「花は愛惜にちり、草は棄嫌におふるのみなり」の箇所は、無視されて訳されないか、または文字どおり、「花は惜しまれるのに（惜しむからよけいに）散り、草は嫌なところに生える」などと訳されてきた。前掲の水野訳では、次のように訳されている。


それはそういうことなのであるが、花が咲けば愛惜の心が起こるが、愛惜のまま花は散るのであり、草が生えれば棄て嫌う心が起こるが、嫌われながら草は生えるばかりである。


この訳は、文字どおりの「花は惜しまれるのに（惜しむからよけいに）散り、草は嫌なところに生える」という、従来の訳と大差はない。

しかし道元は、前の文節までは、仏道の世界について述べてきた、のに、次には、ただ単純に常識的な「花」の散るさまと、嫌なところに「草」が生える、と言ったのであろうか。答えはもちろん、否《いな》、であろう。
「花は愛惜にちり、草は棄嫌におふるのみなり」という語句自体は、中国古典の『天聖広燈録』巻二五からの出典で、『祖山本 永平広録』第一には、「花は愛惜に依って落り、草は棄嫌を遂《お》って生ず」と見えている。が、少なくとも道元は、ここで「花」と「草」の「比喩」で、仏道修行上における何ごとかを伝えている、と思われるのである。

では、その道元の「比喩」とは、どういうふうに考えられるのか。

「花」の語は『眼蔵』全般に見られるが、様々な用法で八二一箇所にもわたって頻出をしている。「草」の用語は一七一箇所である。そのうち、「花」と「草」がともに現出する巻を手がかりとして、コンピュータによる検索結果を見てみよう。以下の事例はその一部である（傍点、引用者）。

(1)「この道得《どうて》を挙《こ》して、問処とせるなり。この問処、ひろく古今の道得となれり。このゆゑに、花開の万木百草、これ古仏の道得《て》なり、古仏の問処なり。（「古仏心《こぶっしん》」）

(2) しかあればすなはち、三界を拈《ねん》じて大悟す、百草を拈じて大悟す、四大を拈じて大悟す、仏祖を拈じて大悟す、公案を拈じて大悟す。みなともに大悟を拈来して、さらに大悟するなり。その正当恁麼《いんも》時は而今《しきん》なり。（「大悟《だいご》」）

(3) 花果ともに時節を保任せり、時節ともに花果を保任せり。このゆゑに、百草みな花果あり、諸樹みな花果あり。（「空華《くうげ》」）

(4) まさにしるべし、空は一草なり、この空かならず花さく、百草に花さくがごとし。この道理を道取するとして、如来道は「空本無花」と道取するなり。（「空華」）

(5) しかあればすなはち、仏祖いづれか百草にあらざらん、百草なんぞ吾汝にあらざらん。至愚にしておもふことなかれ、みづからに具足する法は、みづからかならずしるべしと、みるべしと。恁麼《いんも》にあらざるなり。（「授記《じゅき》」）

(6) 諸仏の吾子は衆生なり、衆生の慈父は諸仏なり。しかあればすなはち、百草の花果は諸仏の我有なり、岩石の大小は諸仏の我有なり。（「三界唯心《さんがいゆいしん》」）

右の事例に見るように、「花開の万木百草、これ古仏の道得なり」（「古仏心」）、「三界を拈じて大悟す、百草を拈じて大悟す……公案を拈じて大悟す」（「大悟」）とか、「百草みな花果あり、諸樹みな花果あり」（「空華《くうげ》」）というふうに、「花」と「草」との関係が記述されている。

このうち、事例でとくに注目すべきは、事例(4)「空華」の巻の、「まさにしるべし、空は一草なり、この空かならず花さく、百草に花さくがごとし」という記述であろう。

「空華」の巻における「空《くう》」は、仏教的意味における「縁起」概念に関係する「空」ではなく「そら」の意の空であろうが、「まさにしるべし、空は一草なり、この空かならず花さく、百草に花さくがごとし」と、道元はいう。「空」は「草」にほかならなく、それはたとえて言えば「修」

であり、「この空かならず花さく」というのは、その「証」にほかならないことの謂い、である。
また事例(5)の「授記」の巻では、

仏祖いづれか百草にあらざらん、百草なんぞ吾汝にあらざらん。至愚《しいぐ》（おろか）にしておもふことなかれ、みづからに具足する法は、みづからかならずしるべしと、みるべしと。

と述べ、仏祖は（もとはと言えば）「百草」であり、「百草」は「吾（と）汝」にほかならない、という。そして「百草」である「吾（と）汝」は、「みづからに具足する法は、みづからかならずしるべしと、みるべしと」というのである。

「授記」の巻における、右のような言表は、「現成公案」の巻における、「仏道をならふといふは、自己をならふなり」という言表と、まったく同様な文脈で語られていると見なされる。

事例(6)の「三界唯心」の巻では「百草の花果は諸仏の我有《がう》なり」と見え、「百草の花果」と諸仏の「我有」は同義であると言表をしている。このほかにも、「大悟」の巻では、「三界を拈じて大悟す、百草を拈じて大悟す」などと見えている。「草」という語に関しては、他の巻の幾つかの箇所でも、「一茎草を拈じ云々」などという表現が見えている。

これらから勘案するなら、「草」という表現・内容は、とりあえずは、「修行」（修）の意と解し得るのではないであろうか。

とすれば、「花」とは、その修行の結果としての「悟り」(証)、を意味する、ということになろう。「草」は修行(「修」)であり、「花」は、その「果」である「悟り」(あるいは、そうした境地に既にいたっていることの「証」)なのだ。

仏道にかなう修行は易《やす》くはない(「草は棄嫌におふるのみなり」)が、その「果」である「花」は咲く(「悟り」あるいは、その「証」はある)。

「仏向上」

しかし事柄は、そう単純ではない。というのは、「花は愛惜にちり」といった表現が、こうした単純な見方をしりぞける。ここでは、道元による「現成公案」の巻での意味、を追ってみることとしよう。

「愛惜に」の語句は、「愛惜したとしても」とか、「愛惜にもかかわらず」、あるいは「愛惜するからこそ、かえって」などという意などが考えられるが、いずれとしても「花は散る」のである。これはどういうことなのであろうか。

筆者はこれに関し、道元の「悟り」(あるいは単に「悟」、あるいは「得道」(得法)などとも言う)ということに対する、これも独特ともいえる態度・思考方法が絡んでいるもの、と考える。続く文節で、道元は述べる(傍点、引用者)。

自己をはこびて万法を修証するを迷とす、万法すゝみて自己を修証するはさとりなり。迷を大悟するは諸仏なり、悟に大迷なるは衆生なり。さらに悟上に得悟する漢あり、迷中又迷の漢あり。(「現成公案」)

「自己をはこびて……」の文の解釈はここではしばらく置くこととして、ここで注目すべきは、「さらに悟上に得悟する漢あり」という表現・考え方・(行為)、である。「悟り」を得た上に、さらに「得悟」する漢(阿羅漢《あらかん》の意か)あり、というのである。悟りを得たならば、さらにその上の悟り、は必要なのであろうか。

筆者は、こうした仏道修行に対する道元の考え方を見るには、「仏向上《ぶっこうじょう》」という考え方が参考になると考えている。「仏向上」という語句は「仏向上事」の巻のほかに、「辨道話」や「仏性」の巻などにも見えているが、「授記」・「仏向上事」の各巻には次のように見えている(傍点、引用者)。

(1) 授記時に作仏《さぶつ》あり、授記時に修行あり。このゆゑに、諸仏に授記あり、仏向上に授記あり。自己に授記す、身心に授記す。(「授記」)

(2) 真箇の功夫あるところには、かならず現成するなり。いはゆる仏向上事といふは、仏にいたりて、すゝみてさらに仏をみるなり。(「仏向上事」)

「授記」の巻では「仏（ほとけ）」となる際には仏《ほとけ》からの記別（予言）がなされるが、それは「仏向上」（のほとけ・人）に対してもなされる、と述べ、「仏向上事」の巻では、「いはゆる仏向上事といふは、仏《ほとけ》にいたりて、すゝみてさらに仏をみるなり」と、その定義が述べられている。
後者の「仏向上事」ということについて、中国語学者の入矢義高氏は、道元の「仏向上事」を引き合いに出し、次のように述べている。

己れがどこかへ行ってしまって、抜けたままの問いの姿勢で、己れを尋ね歩いていたのだ、ということに気がついたわけです。先ほど「主体精神」と言いましたが、その主体さえも超えられなくてはいけない。「仏向上事」ともいいます。仏の上へ抜けて踏み出したところ、仏の上へ超え出たところ、ということなのですが、それは同時に「自己向上事」でなくてはいかんのですね。主体が決まったというところで円満成就、自己完結してしまっては　駄目ではないか、と思うのです。（入谷、前掲書『増補　求道と悦楽』、一一九頁）

（棄嫌におふる）修行の結果、ようやく、ある境地にたどり着いた（「花」が咲く）、と思った瞬間、それは途端に「自己完結」という、そこに留まる、「色あせたもの」に変わり果てる。その境地を、どんなに惜しんだ、としても、である。「花は愛惜にち」る、ものなのだ。

こうした道元の修行観は、適切なたとえではないが、もっとも現代ふうに言うならば、「到着駅は出発駅」ということの、連続的、永続的な「修行観」といえるものである。

道元は、仏道修行上の、根本的な、と思える注意、すなわち仏道修行には、終わりがないのだ、そうであるので、いやそれだからこそ、いよいよ終わりなき修行が必要欠くべからざるものなのだ、それで何かを得たと思う瞬間、それは色あせたものになる。しかあるが故に道元は、

いいかいいかいいかいいかいいかいかいいかいいかいいかいい

しかもかくのごとくなりといへども、花は愛惜にちり、草は棄嫌におふるのみなり。

と、述べたのであろう。

仏家の風

さて、先に(2)として、「現成公案」の巻の冒頭の部分と、終わりの部分の、麻浴山宝徹禅師の「扇を使うこと」の問答に関することとが、「俗弟子、楊光秀」に対する「仏法へのいざない」として、対応関係にある、のではないか、と、仮説的に述べたが、以下で、この点について検討をして見よう。この原文の前半部分は以下のごとくであった。

麻浴山宝徹禅師、あふぎをつかふちなみに、僧きたりてとふ、「風性《ふうしよう》常住、無処不周なり。

なにをもてかさらに和尚あふぎをつかふ」。師いはく、「なんぢただ風性常住をしれりとも、いまだところとしていたらずといふことなき道理をしらず」と。僧いはく、「いかならんかこれ無処不周底《ち》の道理」。ときに師、あふぎをつかふのみなり。僧礼拝す。

馬祖《ばそ》の法嗣《ほうし》、麻浴山宝徹《まよくさんほうてつ》禅師が扇を使っていた時、ある僧が来て「風性常住、無処不周である。それなのに和尚はなぜ扇を使うのか」と問うた。師は、「汝はただ風性が常住であるということを知っているが、それは至る所に存在するという道理がわかっていない」。

僧はさらに、「それでは無処不周底の道理とはどういうことか」と問うた。その時、師は扇を使うのみであった。僧は（その意味をさとって）礼拝した。

ここでの大意は右のように解されるが、「風性常住」という語は『宗門統要集』巻三からの出典（『道元引用語録の研究』春秋社、一九九五年）とされている。しかし、この宝徹禅師の逸話と「風性」および「風性常住」という語句は、「現成公案」の巻にしか登場をしない。

『眼蔵』中では「風」および「風」に関連する語句は、「風雨」、「風火」といった自然現象用語のほか、「家風」（「辨道話」ほか）、「玄風」（「仏性」ほか）、「風輪」（「行持・下」）、「邪風」（「礼《らい》拝得髄《はいとくずい》」）、「仏風」（「法華転法華」）といった語として出てくる。

「風性」および「風性常住」という語句が、「現成公案」の巻にしか登場をしない、という意味は、それが、ある意味では、「現成公案」の巻固有の意味を持って使用されている、と見なされるのである。

では、この「現成公案」の巻で使用されている「風性」および「風性常住」という意味は、どのように考えられるのか。

筆者は、この箇所では、「風」および「風」を起こす、ということと、「風性」および「風性常住」ということを、分けて考えるべき、と見なしている。

「風性」および「風性常住」という語で示しているのは、道元が否定している、先に見た「自心自性は常住なるかとあやまって見ている者の見方であり、「風性」および「風性常住」とは、あまねく存在している「仏性」(にほかならない)と考えている、宝徹禅師に問いに来た、僧の「もの言い」であろう。

むろん、ここでは「仏性」という用語は使用されてはいないが、問いに来た僧は、そう考えているからこそ、「風性常住、無処不周なり(風性すなわち仏性は常住にして、処《ところ》として周《あまね》からざるなし)」という問いを発していると考えられるのである。

これに対して禅師は、「汝はどこであっても(「風」を起こすことに依って)風が存在し得るのだ、という道理をしらない」と指摘する。僧の再度の問いにも答えず、禅師はただ「扇を使う」(「風を起こす」)のみであった、というのである。

ここで「扇を使うこと」、すなわち「風」および「風を起こす」ということは、仏作仏行を行う「仏道修行」(の行為)と同義であると見なしてよい。

それゆえ、ここでの結論は、「ときに、師、あふぎをつかふのみなり」ということになる。「師」というのは、当然、仏道修行者の意、でもある。

したがって次に、「仏法の証験、正伝の活路、それかくのごとし。常住なればあふぎをつかふべからず、つかはぬをりもかぜをきくべきといふは、常住をもしらず、風性をもしらぬなり」と、道元は「風性常住」なる考えを批判する。

最後の行で道元は、「風性は常住なるがゆゑに、仏家の風は天地の黄金なるを現成せしめ、長河の蘇酪を参熟せり」という。

この最後の行の言説は、「風性は常住なるがゆゑに」という、単純に理解したのでは誤解を招く表現ともなっていよう。実際、前掲の水野・現代語訳では、この箇所の訳を、「風性（仏性）は常住である（いつでもある）からこそ」と訳している。しかし道元は、先に見てきたとおり、この「風性（仏性）は常住である」ということを否定してきている。

そのゆえに「常住なればあふぎをつかふべからず、つかはぬをりもかぜをきくべきといふは、常住をもしらず、風性をもしらぬなり（風性・仏性が常住ならば、扇を使う、すなわち修行という行為をする必要もない。修行という行為をしないで風性・仏性があるというのは、常住ということもわからず風性・仏性のなんたるかも知らないやからのいうことである）」という批判をするのである。

とすればここは、「一般にはそう思われているが、仏道修行をすること自体こそが仏であり、仏の証であるのだ」というような意味を補って考えるほうが自然であろう。「風性は常住なる（と一般には思われている）がゆゑに、（だからこそ、修行することは証であるという）仏家の風は、……」というような意味に解すべきと考えられるのである。

ちなみに、ここで「仏家の風」とほぼ同義に使用している語の事例には、「青原《せいげん》の仏風いまにつたはれ」云々という「法華転法華《ほっけてんほっけ》」の巻での事例などがあげられる。青原とは六祖慧能《えのう》の法嗣、青原行思《せいげんぎょうし》のことである。

かくて、（仏道修行をする）「仏家の風」は、世界を黄金として現成せしめ、長河（揚子江）の水をも甘露に等しい蘇酪《そらく》（という飲み物）となす、のだ、と道元はいう。

認識と実践（行為および修行）

さて、ここまで、麻浴山宝徹禅師の「扇を使うこと」の問答に関することを見てきたが、この問答の要点は、実際に「扇を使うこと」という、その「実践」・「行為」に関わることである。思惟（認識）として仏道修行をどのように考えたとしても、それは「行為」（行動）として「実践」されなければ意味はない、に等しい。

すなわち、「現成公案」の巻の冒頭の、「諸法の仏法なる時節、すなはち迷悟あり修行あり、生あり死あり、諸仏あり衆生あり」という言説は、もちろん、この「時節」の中には主体の行為があってのことではあるが、それが「認識」（思惟）の次元にとどまる限り、「仏道修行」ではないのであって、「行為」・「実践」こそが「仏法なる時節」を将来するのである、と道元は述べている、と見なされるのである。

したがって道元は、「現成公案」の巻の最後部分に、実際に「扇を使うこと」のエピソードを持ってきたのではないか、と考えられるのである。

先に、「現成公案」の巻の冒頭の部分と、終わりの部分の、「扇を使うこと」の問答に関することとが、「俗弟子、楊光秀」に対する「仏法へのいざない」として、対応関係にあるのではないか、と仮説的に述べた。

が、それは道元における「仏道修行」ということへの、「認識」と、なにより、その「実践」・「行為」に関わる問題が、とりも直さず「現成公案」ということであり、「仏法へのいざない」を促すものであった、ということが考えられるからである、

これは丁度、七十五巻本『眼蔵』が、「現成公案」の巻から始まり、「出家」の巻で終わっているということと相似形をなしている、ことと、似ていなくもない。

三　自己および「修」と「証」あるいは存在と時間

自己とは何か

さて、今まで「現成公案」の巻の冒頭部分と最後の部分を中心に見てきたが、「現成公案」の巻には、その中間に、自己および「修」と「証」、あるいは時間と存在、などに関するテーマを内在させている。

もちろん、「現成公案」の巻の中間部分では、その他のテーマも言及されているが、ここでは、右にあげたテーマを中心に、以下で見ていこう。

まず、自己および「修」と「証」ということについて。あまりにも有名な箇所ではあるが、これに関連する原文を一応は確認してみよう。原文は以下のごとくである。

自己をはこびて万法を修証するを迷とす、万法すゝみて自己を修証するはさとりなり。迷を大悟するは諸仏なり、悟に大迷なるは衆生なり。さらに悟上に得悟する漢あり、迷中又迷の漢あり。

諸仏のまさしく諸仏なるときは、自己は諸仏なりと覚知することをもちゐず。しかあれども証仏なり、仏を証しもてゆく。身心を挙《こ》して色《しき》を見取し、身心を挙《こ》して声を聴取するに、したしく会《うい》取すれども、かがみに影をやどすごとくにあらず、水と月とのごとくにあらず。一方を証するときは一方はくらし。

仏道をならふといふは、自己をならふ也《なり》。自己をならふといふは、自己をわするるなり。自己をわするるといふは、万法に証せらるるなり。万法に証せらるるといふは、自己の身心および他己の身心をして脱《とつ》落せしむるなり。悟迹《しゃく》の休歇《きうけつ》なるあり、休歇なる悟迹を長長出《しゅつ》ならしむ。

〔現代語訳〕

自己をおしてよろずのことどもを計らうのは迷いである。よろずのことどもの来って自己を証するのが悟りである。迷いを転じて大悟するのが諸仏であり、悟りに執して迷いに迷うのが衆生である。さらにいえば、悟りのうえに悟りをかさねる者があり、迷いのなかにあってまた迷う者もある。

諸仏がまさしく諸仏となるときには、かならずしも自己は仏であると自覚するの必要はない。それでも仏を証するのである。仏とはこれかと悟りつつゆくのである。身心を傾けて物を見る。あるいは身心をそばだてて声を聞く。それが自分でよくわかるのであるが、鏡に物を写すようにはまいらぬ。水にうつる月のようにはいかない。一方がわかれば他方はわからないのである。

仏道をならうとは、自己をならうことである。自己をならうとは、自己を忘れることである。自己を忘れるとは、よろずのことどもに教えられることである。よろずのことどもに教えられるとは、自己の身心をも他己の身心をも脱ぎ捨てることである。悟りにいたったならば、そこでしばらく休むもよい。だが、やがてまたそこを大きく脱け出てゆかねばならない。

(増谷文雄訳)

右の道元の説示は、意味が理解できる、できない、という事はさておき、そのテーマが「自己」ということを巡って展開されている、ということは疑いがないと見なし得る。とくに右の説示では、「諸仏のまさしく諸仏なるときは、自己は諸仏なりと覚知することをもちゐず。しかあれども証仏なり、仏を証しもてゆく」と道元が述べている点は、その核心的部分ともいえるものであろう。

そこで、この「自己」ということに対し、道元がいかなる考えを持っているのか、ということを、まず確認して見よう。例によってコンピュータ上の検索によって「自己」の語が出てくる箇所をあげて見ると、その箇所は、二二五箇所にのぼる。左はその事例の幾つかを挙げてみたものである（傍点は引用者）。

(1) しるべし、仏法は、まさに自他の見をやめて学するなり。もし、自己即仏としるをもて得道とせば、釈尊むかし化道《けどう》にわづらはじ。しばらく古徳の妙則をもてこれを証すべし。（「辨道話」）

(2) 仏性の言をきゝて、学者おほく先尼外道《せんにげどう》の我のごとく邪計せり。それ、人にあはず、自己にあはず、師をみざるゆへなり。いたづらに風火の動著《どうじゃ》する心意識を、仏性の覚知覚了とおもへり。たれかいふし、仏性に覚知覚了ありと。（「仏性」）

(3) 自己の光明を見聞するは、値仏の証験なり、見仏の証験なり。尽十方界は是自己なり、是自己は尽十方界なり。廻避《うい》の余地あるべからず。たとひ廻避の地ありとも、これ出身の活路なり。（「光明《こうみょう》」）

(4) 修証はなきにあらず、光明の染汚なり。草木牆壁《しょうへき》・皮肉骨髄、これ光明の赤白《しゃくびゃく》なり。烟霞水石・鳥道玄路、これ光明の廻環なり。自己の光明を見聞するは、値仏の証験なり、見仏の証験なり。全仏祖の自己、全経巻の自己なるがゆゑにかくのごとくなり。自己と称すといへども、我你の狗牽にあらず。これ活眼睛なり、活拳頭なり。（「看経《かんきん》」）

(5) 一切諸仏および一切菩薩、一切衆生は、みな生知のちからにて、一切法性《ほっしょう》の大道をあきらむるなり。経巻・知識にしたがひて、法性の大道をあきらむるを、みづから法性をあきらむるとす。経巻これ法性なり、自己なり。

知識これ法性なり、自己なり。法性これ知識なり、法性これ自己なり。法性自己なるがゆゑに、外道魔党の邪計せる自己にはあらざるなり。法性には外道魔党なし。（「法性《ほっしょう》」）

(6) 而今《しきん》の山水は、古仏の道現成なり。ともに法位に住して、究尽《ぐうじん》の功徳を成ぜり。空劫《くうごう》已前《いぜん》の消息なるがゆゑに、而今の活計なり。朕兆未萌の自己なるがゆゑに、現成の透脱なり。（「山水経《さんすいきょう》」）

(7) 正伝は、自己より自己に正伝するがゆゑに、正伝のなかに自己あるなり。一心より一心に正伝するなり、正伝に一心あるべし。（「仏教」）

(8) 仏祖したしく自己を面授する正当恁麼時なり。面授仏の面授仏に面授するなり。葛藤をもて葛藤に面授して、さらに断絶せず。眼を開して眼に眼授し、眼受す。面をあらはして面に面授し、面受す。（「面授」）

(9) しかあるに、たとひ知識にもしたがひ、たとひ経巻にもしたがふ、みなこれ自己にしたがふなり。経巻おのれづから自経巻なり、知識おのれづから自知識なり。

しかあれば、遍参知識は遍参自己なり、拈百草は拈自己なり、拈万木は拈自己なり。自己はかならず恁麼の功夫なりと参学するなり。この参学に、自己を脱落し、自己を契証するなり。（「自証三昧《じしょうざんまい》」）

右に「自己」という語が出てくる箇所を幾つか示したが、道元の「自己」ということを意味すると思われる語には、他に「我（我れ）」や「吾（吾れ）」といった語も、相当数が出てくる。その意味、用法も、ほぼ「自己」という語と変わらない用法も少なくない。たとえば「坐禅箴《ざぜんしん》」の巻における左のような事例もそうであろう（傍点、引用者）。

非思量にたれあり、たれわれを保任す。兀々《ごつごつ》地たとひ我なりとも、思量のみにあらず、兀々地を挙《こ》頭するなり。

〔現代語訳〕
非思量（ということ）にも何らかの内容がある。その何かが非思量の我をあらしめるのである。なるほどそこに端坐しているのは我であるが、その我は、ただ思量する我ではなく、ぴたりと端坐しているのである。（増谷文雄訳）

厳密には、「自己」と「我（我れ）」や「吾（吾れ）」という語の用法については別途、比較検討が必要であろう。ただ相対的には、「我（我れ）」や「吾（吾れ）」という語は、中国の祖録、古典に出てくる用語として多いとは言えるようであるが、「我（我れ）」や「吾（吾れ）」という語も含んだ考察は、かなりの煩雑さを増すと思われるので、ここでは「現成公案」の巻と関係する、「自己」という用語に絞って考察を進めることとしたい。

ここで最初に確認しておくべき点は、事例(8)の「面授」の巻の、「仏祖したしく自己を面授する正当恁麼《いんも》時なり。面授仏の面授仏に面授するなり」という箇所である。

仏祖が「自己」と「面授」した、その時（正当恁麼時《しょうとういんもじ》）には、それは「仏《ほとけ》」と「仏《ほとけ》」とが面授することにほかならない。つまり、仏道修行をする当体としての「自己」は、すでに「仏《ほとけ》」であり、その仏《ほとけ》である「自己」が師（仏祖）と面授するのであるから、それは「面授仏の面授仏に面授するなり」ということになる、というわけである。

これは道元が中国・宋へ行った時の、「悟り」とも言える体験をして日本に帰ってきたことにもとづいていよう。この時のことは「面授」の巻に、

> 道元、大宋宝慶元年乙酉五月一日、はじめて先師天童古仏を礼拝面授す。やゝ堂奥を聴許せらる。わづかに身心を脱落するに、面授を保任することありて、日本国に本来せり。（傍点、引用者）

と見えている。

この巻では道元は先師、すなわち師となった天童山の如浄禅師を、「古仏」と記述し、「わづか

に身心を脱落する」体験を経て、「面授を保任することあ」り、「日本国」に帰ってきた、という。従って道元は「入宋伝法沙門道元《にっそうでんぽうしゃもん》」なのである。この同じ記事が、『眼蔵』「仏祖」の巻では、次のように出ている。ただし「仏祖」の巻では、「唯仏与仏」という言表が見えている（傍点、引用者）。

道元、大宋国宝慶元年乙酉夏安居《げあんご》時、先師天童古仏大和尚に参侍して、この仏祖を礼拝頂戴することを究尽せり。唯仏与仏なり。

師である天童如浄禅師は「古仏」であり、すでに「仏祖」（の一人）である。その古仏および仏祖、にまみえる道元もまた、「仏」である。従ってそこでは、唯《ただ》、仏と仏とが対面をしている、すなわち「唯仏与仏《ゆい》」ということなのだ、という。

真の、という前提つきではあるが、仏道修行をするものが、その「行為」をすることで、それ自体、すでに「仏《ほとけ》」である（あるいは既に「仏」となっている）、という見方は、道元独特の考え方である、と言ってよい。

時節若至《にゃくし》

右の考え方の消息は、『眼蔵』「仏性」の巻に、（自己の）「仏性を知る」とはどういうことか、として、次のような記述で述べられている。ついでながら筆者は、『眼蔵』中でこの箇所が、「自己」が「仏」である、ということを裏付ける「修」と「証」ということに、もっとも深く関わっている箇所であろうと考えている。

いはゆる仏性をしらんとおもはゞ、しるべし、時節因縁これなり。時節若至《にゃくし》といふは、すでに時節いたれり、なにの疑著《ぎじゃ》すべきところかあらんとなり。疑著時節さもあらばあれ、還我《げんが》仏性来《らい》《我れに仏性を還し来れ》なり。

しるべし、時節若至は、十二時中不空過なり。若至は、既至《きし》といはんがごとし。時節若至すれば、仏性不至《ふし》なり。しかあればすなはち、時節すでにいたれば、これ仏性の現前なり。あるいは其理《ごり》自彰《じしょう》なり。おほよそ、時節の若至せざる時節いまだあらず、仏性の現前せざる仏性あらざるなり。

〔現代語訳〕

いわゆる仏性を知ろうと思うならば、時節の因縁がそれであると知らねばならない。時節もし至ればというのは、すでに時節がいたっているのだ、なんの躊躇《ため》らうことやあらんというのである。疑うならば疑ってみるもよい。仏性はいつか我に還って来ているのである。

まさに知るがよい。時節もし至らばとは、寸分の時も空しく過してはならぬということであり、もし至らばとは、すでに至るというに同じである。もしも時いたらばと待つならば、仏性はついに至らぬであろう。かくして、時すでに至れりとあらば、それこそ仏性の現れである。あるいは、その理もおのずから明らかなのである。およそ、時のいたらぬ時というものはなく、仏性の現前せざる仏性というものはないのである。（増谷文雄訳）

これは、道元が「仏性」の巻で、中国の百丈懐海《ひゃくじょうえかい》が「涅槃経」を引いて言ったくだり、「仏言、『欲知仏性義、当観時節因縁、時節若至、仏性現前』」《仏の言はく「仏性の義を知らんと欲《おも》はば、まさに時節因縁を観ずべし。時節若《も》し至れば、仏性現前《げんぜん》す」》ということに対する、評釈の形で述べているものである。

ここで道元は、「時節若《も》し至れば、仏性現前す」ということに対して、疑義をとなえている。時節が若《も》し至ったならば（「時節若至《にゃくし》」、すなわち修行をしていれば、いつかは何かの機縁を得て悟りを開き）仏性が現前する、と通常の仏道修行者は考えているが、それは違う、というのである。

道元は言う。「時節若至といふは、すでに時節いたれり、なにの疑著《ぎじゃ》（疑問と）すべきところかあらんとなり」と言い、若《も》し至るならば、というのは、すでに至っているのだ、仏道修行をふだんにしている（十二時中不空過）者は、時節がすでに至っているので、「これ仏性の現前なり」、おおよそ「時節の若至《にゃくし》せざる時節いまだあらず、仏性の現前せざる仏性あらざるなり」、と、いうのである。

この仏性の巻における「時節若至《にゃくし》といふは、すでに時節いたれり」ということに対する道元の一連の評釈は、先に見た「現成公案」の巻の、「諸法の仏法なる時節」という「時節」と、ひそかに呼応していると思うのは、うがちすぎた見方であろうか。

それはともかく、真の仏道修行をする（自己なる）「身心」は、すでに至っている「仏《ほとけ》」であり、それはまた「古仏」であり、「仏祖」ともなり得ている（見なされる、または、言われ得る）ものである、と道元はいう。

ここで、「身心」の「身」というのは、心・意識を体しての（表面に現出するものとしての）、行為、行動をするものとしての身体、を意味するものと見てよい。真に仏の教えを学び、真に仏の行為を作《な》している（仏作仏行《ぶっさぶつぎょう》をなす）ものとしての「身心」は、すなわち「仏《ほとけ》」なのである。「行為」（行動）こそが、思惟・思考のみによる、何もしなくとも、この「身心」は仏性（の存在）である、という「本覚思想」・「如来蔵思想」を打破する道なのである。「身心脱落」という「証」の「状態」は、この延長線上にある。

さて、以上の前提を持って、道元は仏道修行上における「誤り」を指摘する。それが、先の事例の、⑴「辨道話」と、⑵の「仏性」の巻の事例である。

⑴の「辨道話」では、「もし、自己即仏としるをもて得道とせば、釈尊むかし化道《けどう》にわづらはじ」と述べる。

もし自己が、そのまま仏であると知ることが悟りに達したことであるとするならば、（すなわち「本覚思想」・「如来蔵思想」に依っているなら）、釈迦の説法はいらなかった、と言う。この考えによれば、仏道修行はいらない、ということになるからである。

⑵の「仏性」の巻の事例では、「仏性の言をきゝて、学者おほく先尼外道《せんにげどう》の我《が》のごとく邪計せり。それ、人にあはず、自己にあはず、師をみざるゆへなり」と指摘する。

「仏性」という言葉を聞いて、仏教を学ぶ者（学者）の多くは、「先尼外道」説に言う「我《が》」のごとくに誤って受け取っている。それは（「仏」としての）自己に遭遇せず・学ばず、（「仏祖」としての）師に遭遇せず・学ばないからである、と道元は言う。

「先尼外道」とは、既述した如く、同じ「辨道話」の中で、「心常相滅の邪見」とも指摘され、「かの霊性は、この身の滅する時、もぬけてかしこにうまるるゆゑに、ここに滅すとみゆれども、かしこの生あれば、ながく滅せずして常住なりといふなり。かの外道が見、かくのごとし」と、指摘をされているものであり、既述した如く、それは「本覚思想」・「如来蔵思想」にほかならないものであろう。

さて、「自己」ということに関する他の事例、⑶「光明《こうみょう》」、⑷「看経《かんきん》」、⑸「法性《ほっしょう》」、⑼「自証《じしょう》三昧《ざんまい》」といった事例は、ここにおいてのみ、仮に名付けるとするなら、いずれも仏道修行を前提とした「拡張する（される）自己」あるいは「あい度《わた》ると見なされる自己」、とでも言ってよい事例であろう。と言ってもこれらは、「心（こころ）」というような、実体化されるようなそれではなく、認識的な「概念」(としての「自己」)とでもいうべきものである。

事例(3)では、「自己の光明を見聞するは、値《ち》仏の証験なり、見仏の証験なり。尽十方界は是自己なり、是自己は尽《じん》十方界なり」(「光明」)、と述べられ、(4)では、「修証はなきにあらず、光明の染汚《ぜんな》なり。……自己の光明を見聞するは、値仏の証験なり、見仏の証験なり。全仏祖の自己、全経巻の自己なるがゆゑにかくのごとくなり」(「看経」)と述べられている。ここで「自己の光明を見聞する」というのは、修行する身心《しんじん》それ自体が仏祖と同じく「光明の存在」として知覚(見聞)され得る、という意に解し得よう。

事例(5)では、「経巻・知識にしたがひて、法性の大道をあきらむるを、みづから法性をあきらむるとす。経巻これ法性なり、自己なり。知識これ法性なり、自己なり。法性これ知識なり、法性これ自己なり。法性自己なるがゆゑに、外道魔党の邪計せる自己にはあらざるなり」(「法性」)と述べられている。

(7)の、「正伝は、自己より自己に正伝するがゆゑに、正伝のなかに自己あるなり。一心より一心に正伝するなり、正伝に一心あるべし」(「仏教」)、という記述は、「授記」の巻に見える、「授記時に作仏あり、授記時に修行あり。このゆゑに、諸仏に授記あり、仏向上に授記あり。自己に授記す、身心に授記す」との記述と、ほぼ同内容を述べていると見なされよう。

(9)では、「しかあるに、たとひ知識にもしたがひ、たとひ経巻にもしたがふ、みなこれ自己にしたがふなり。経巻おのれづから自経巻なり。知識おのれづから自知識なり。しかあれば、遍参知識は遍参自己なり、拈《ねん》百草は拈自己なり、拈万木は拈自己なり。自己はかならず恁麼《いんも》の功夫なりと参学するなり。この参学に、自己を脱落し、自己を契証するなり」（「自証三昧」）と述べられている。

これらの事例からは、ここで言う、真の仏道修行をする限りにおいての、「拡張する（される）自己」および、「あい度《わた》ると見なされる自己」、と道元は考えている、と言えるのではなかろうか。「拡張する（される）自己」および「あい度《わた》ると見なされる自己」というのは、もちろん筆者の仮説的見方からの言説である。

この点を、ハイデガー風に言うならば、それは「投企《とうき》」（前に投げかけるもの）としての「自己」と見なしてもよいであろう。ハイデガーは、道元のいう「自己」なるものを、「現存在」（Dasein）と名付けているとも見なし得るが、ハイデガーの著書、『存在と時間』では、この間の事情が、次のようにも要約されて述べられている。

投企されるものは、現存在の存在を本来的な全体的存在可能として構成するものである。現存在とは、その存在がじぶんにとって問題であるような存在者であり、その存在者の存在の意味、つまり気づかいの意味が存在可能の存在を根源的に形成する。根源的に実存論的投企によって投企されるものが先駆的決意性なのだから、先駆的決意性とは、もっとも固有な存在可能へとかかわる存在にほかならない。

このことが可能となるのは、現存在がそのもっとも固有な可能性において、じぶんへと「到来すること」が可能であるからだ。その可能性を可能性として保持し続けることが実存することであり、当の可能性のうちで「じぶんをじぶんへと到来させること」が「将来」という根源的現象にほかならない。

死への先駆そのものが可能となるのも、現存在が、すでにつねにじぶんへと到来し、「将来的」であるからなのである。（ハイデガー『存在と時間（三）』熊野純彦訳、岩波文庫、二〇一三年、五二頁。引用文は熊野「梗概三」に依っている）

「現存在」とは「自己＝主観」という存在了解ではあるが、それは常に他者との関係において認識を前方（他者を含む）に投げかける存在として、「投企されるものは、現存在の存在を本来的な全体的存在可能として構成するもの」なのである。

また、「現存在がそのもっとも固有な可能性において、じぶんへと『到来すること』が可能であるからだ。その可能性を可能性として保持し続けることが実存することであり、当の可能性のうちで『じぶんをじぶんへと到来させること』が『将来』（やって来るもの）という根源的現象にほかならない」という内容は、「自己と語ること」で「じぶん」を「じぶん」として、すなわち「じぶん」を世界内存在として認識することにほかならない。またそれは同時に、「自己」の自己性（または自己の中の他者性）への逢着なのである。こうした文脈は、すでに道元によって、典型的には、次のように言表をされている。

仏祖の往昔《おうしゃく》は吾等《われら》なり、吾等が当来《らい》は仏祖ならん、仏祖を仰観《ぎょうかん》すれば一仏祖なり。(「渓声山色」)

ハイデガーは、「存在するもの」とは世界＝内＝存在であり、「現存在」すなわち人間存在は、自己・自分という性格が抜きがたく備わっており、それは様々なものと関わりあう際には常に、最終的に自己の可能性に帰着するような意味と目的の連関を、自らの前方に投げかけるものであるとしている。

そしてそれはまた、「個々の現存在が各自である、それぞれ私である、ということをも含意している。現存在は常に自分の在りように感心を寄せ、自分の在り方を問う存在するものなのである。気づかう、憂慮するということが、現存在の在り方の特徴である。しかし、現存在に自分、私という在り方が備わっているのは、考えてみれば、他者がいるからである。そもそも自分の存在が意識されるのは、他者との区別や関係においてである」(高田珠樹『ハイデガー 存在の歴史』講談社学術文庫、二〇一四年、二一〇~二一一頁)という点も含まれているのである。

また、「自己」という点について、ハイデガーとは異なった視点から、すなわち「自己」(自我)について「間主観性」という視座から現象学的な考察を行った哲学者にE・フッサールが挙げられるが、彼の「自己」（フッサールは「自我」として記述をしているが）ということについて言及している箇所を見てみよう。フッサールは、その著『間主観性の現象学 その方法』という著書の中で、次のような指摘をしている。

自我それ自身は、体験ではなく体験する者であり、行為ではなく行為を行なう者であり、特徴ではなく特徴を固有な仕方でもっている者、等である。さらに、自我が自分を見いだし、自分の自我体験や性向を見いだすのは、時間の内においてであり、しかもそのさい自分を存在するものとして、これこれをもっている者として知るのは、今だけのことではない。自我は想起をもっており、想起において、「たった今」そしてそれ以前の時間にこれこれの特定の体験等をもっていた者として、自分を見いだす。もたれているもの、もたれていたものはどれも、その時間位置を占めており、そして自我それ自身は時間の内で同一的なものであり、時間の内で特定の位置を占めている。（E・フッサール『間主観性の現象学 その方法』浜渦辰二・山口一郎監訳、ちくま学芸文庫、二〇一二年、一七頁）

右でフッサールは、「自我」（自己）は「行為」を行うものであるとしつつ、それは「時間との関係において位置を占めるものである」とし、次いで、次のように述べる。

自我は自分それぞれを有機的な身体をもつものとして見いだす。身体というのは、それはそれで自我ではなく、空間時間的な「事物」であり、これを中心にして無限に至る事物的な周囲が集まっている。自我はそのつど、直接的に知覚し、あるいは、直接的ないし（過去）把持的な想起において想起するかぎりで、限定された空間時間的な周囲をもっている。

しかしながら、直接的な直観というしかたで現存するものとして措定された周囲は、周囲全体の内の直観された部分にすぎないということ、そして事物は無限の（ユークリッド的）空間の内でさらに続いているということ、また同様に、現存の顕在的に想起された時間部分は、無限の現存の連鎖の一部にすぎず、この連鎖は無限の過去へと遡及的に伸びている一方、無限の未来へと及んでいるということ、こういうことを自我は「知っている」し、それを確信している。

事物は、それが知覚されるときだけ存在したり、かつて知覚されたときだけ存在していたりするわけではないことを知っている。現に在る事物は、顕在的な経験周囲に丁度いま現に在るとか、想起に応じてそこに在ったとか、あるいはこれから現に在るだろうとかがなくても、それ自体で、いま在り、かつて在り、これからも在るだろう。そしてこのことは、あらゆる事物的特性、すなわち静止と連鎖、質的な変化と不変化などという点で事物に対して当てはまる。（E・フッサール、前掲書、一八頁）

右の文中、「ユークリッド的空間」というのは、直感的に納得できる空間の在り方に基づく幾何学から導かれた空間のことを指すが、見るようにフッサールは「自我は自分それぞれのを有機的な身体をもつものとして見いだす。身体というのは、それはそれで自我ではなく、空間時間的な『事物』であ」るとするが、フッサールはつまるところ、次のことが詳論されねばならない、として、以下のように述べる。

それぞれの自我が「自分の身体」として見いだす事物は、他のあらゆる事物に対して、まさに自分固有の身体としてきわだってくる。それは顕在的な知覚領野においていつも不可避的に現存し、より詳しく記述されるべき固有の仕方で知覚されており、それは事物的な周囲統握《とうあく》の恒常的な中心項である。

身体でないものはすべて、身体へと関係づけられて現出し、身体への関係において自我につねに意識されているような、ある空間的な方向づけを、つまり、右と左、前と後などという方向づけを、同様に時間的には、今・以前・以後という方位づけをもっている。（E・フッサール、前掲書、二〇頁）

E・フッサールは「自我」の考察という関連で右のような見解を表出しているが、ここでのフッサールのいう「自我」なるものは、道元の文脈で言えば、それは事例で見てきたように、「自己」について道元が『眼蔵』で言及しようとしたものと、ほぼ同様の文脈で述べられているもの、と見なして、差し支えはないものと考えられよう。

ついでながら、道元のこの「文脈」は、後述する「存在と時間」について述べられている「有《う》時《じ》」の巻において、「経歴《きょうりゃく》」という概念、すなわち「有時に経歴の功徳あり」として、「自他」が「あい度る」、「経歴」の「有時」として、次のようにも述べられている。

有時に経歴の功徳あり。いはゆる、今日より明日へ経歴す、今日より昨日へ経歴す、昨日より今日へ経歴す、今日より今日へ経歴す、明日より明日に経歴す。経歴はそれ時の功徳なるがゆゑに。古今の時、かさなれるにあらず、ならびつもれるにあらざれども、青原《せいげん》も時なり、黄檗《おうばく》も時なり、江西も石頭《せきとう》も時なり。自他すでに時なるがゆゑに、修証は諸時なり。
（傍点、引用者）

「自他すでに時なるがゆゑに、修証は諸時なり」という「経歴」の文脈は、また「袈裟」（自己）についても同様に、七五巻『眼蔵』「伝衣」の巻において、次のようなくだりで言及されている。

仏祖正伝の袈裟は、これすなはち仏々正伝みだりにあらず。先仏後仏の袈裟なり、古仏新仏の袈裟なり。道《どう》を化《け》し、仏を化す。過去を化し、現在を化し、未来を化するに、過去より現在に正伝し、現在より未来に正伝し、現在より過去に正伝し、過去より過去に正伝し、現在より現在に正伝し、未来より未来に正伝し、未来より現在に正伝し、未来より過去に正伝して、唯仏与仏の正伝なり。（傍点、引用者）

「唯仏与仏（の正伝）」ということがらは、先に見たとおりである。

朕兆未萌《ちんちょうみぼう》の自己

さて、事例(6)にもどろう。事例(6)は、「而今《しきん》の山水は、古仏の道現成なり。ともに法位に住して、究尽《ぐうじん》の功徳を成ぜり。空劫《くうごう》已前の消息なるがゆへに、而今の活計なり。朕兆未萌《ちんちょうみぼう》の自己なるがゆへに、現成の透脱なり」（「山水経」）というものであった。

ここで「空劫已前」というのは、天地未開以前の意、「朕兆未萌」というのは、物の生ぜんとするきざし以前、という意。この箇所について、仏文学者・『眼蔵』研究者の森本和夫氏は『デリダから道元へ』（ちくま学芸文庫、一九九九年）という著書の中で、自身の著『「正法眼蔵」――花開いて世界起る』（大蔵出版、一九八二年）を所引としながら、〈自己〉と〈他己〉という章で、次のような指摘をしている。

いかなるきざしもまだ起こらないそのままの状態、すなわち、ありのままの絶対的真実の状態が「朕兆未萌」なのであってみれば、そんなところに、個人的主体としての自己などというものがあるわけがない。

この場合の「自己」は、「朕兆未萌」にとっての「自己」なのであり、「そのもの」なのである。ところが、そういうものであるからこそ、「現成の透脱」であるといわれるのだ。「透脱」とは、「透り脱ける」ことであり、「ぬけ出る」ことであって、「脱却」なり「解脱」なりを意味するが、そのことはただちに、ありのままの姿、すなわち真実相が顕現することを意味するはずであろう。したがって「現成の透脱なり」といわれるのである。（同書、九二頁）

森本氏によれば、そもそも「山水経」冒頭の、「而今の山水は、古仏の道現成なり」という一文も次のように理解をすべきであるという。

そんなわけで、あらためて「道」を「ことば」と読み直してみても、なお「古仏の道現成」を、「古仏のことばの実現」と受け取る向きもあるかもしれないが、じつは「ことば」とは、それ自体が「現成」なのであってみれば、このような受け取り方はしりぞけられねばなるまい。しかもこのような受け取り方には、依然として、「古仏」を個人的な主体的人格としてとらえる態度がつきまとっているのである。そうではなくて、さきにも見たとおり、「古仏」とは、すでに人格にかかわらない、普遍的な〝悟り〟そのものなのだ。（森本、前掲書、九二〜三頁）

非自己

「自己」をめぐる問題は、『眼蔵』全体のテーマの一つでもあるが、これに焦点をあてている巻としては「自証三昧」の巻があげられよう。そこには、「現成公案」の巻で触れられている、「他己」の語も見えている。

「他己」の語は、「自証三昧」の巻では、「およそ学仏祖道は、一法一儀を参学するより、すなはち為他の志気《しいき》を衝天せしむるなり。しかあるによりて、自他を脱落するなり。さらに自己を参《さん》徹《てつ》すれば、さきより参徹他己なり」という箇所や、「自己を体達し、他己を体達する、仏祖の大道なり」などという箇所に見えている。

これについても森本氏は、次のように述べて、「自己」と「他己」に関連する「非自己」ということに対しても注意を促している。

さきほど想起した「現成公案」の巻の一節でも、「自己をわするるといふは、万法に証せらるるなり」と続いたのを受けて、「万法に証せらるるといふは、自己の身心および他己の身心をして脱落せしむるなり」と述べられていた。すなわち、〈自己〉の問題は、そのまま、〈他己〉の問題でもあるわけである。

さらに、〈自己〉および〈他己なる自己〉としての〈他己〉の問題は、それと表裏一体のものにほかならない〈非自己〉の問題として切り離しては捉えられないことも見逃されてはならない。（森本、前掲書、一〇六頁）

右に、「自己」ということに関して『眼蔵』の事例を挙げながら見てきたが、それはもちろん実在・実体を意味する「自己」というものではなく、ましてや心理学におけるフロイトやエリクソンの言う「自己同一性」などといったものでも、当然、ない。

道元の言う「自己」なるものは、個人的・人格的な実体としてのそれではなく、森本氏が指摘するがごとく、普遍的な「悟り」そのものとしての、筆者の観点では、「自己」および「自他」に「あい渡るもの」としての、多少とも哲学的な意味における構成的な概念としての「自己」とでも言うべきものであろう。

その限りにおいて、つまりは真の仏道修行をする限りにおいて、「仏《ほとけ》」であり「古仏」であり「他己」であり、「全仏祖の自己、全経巻の自己」（「看経」）、「経巻これ法性なり、自己なり。知識これ法性なり、自己なり。法性これ知識なり、法性これ自己なり」（「法性《ほっしょう》」）、「たとひ知識にもしたがひ、たとひ経巻にもしたがふ、みなこれ自己にしたがふなり」（「自証三昧」）という言表が、「道い《い》得」るのである。

そのようなわけで道元は、

仏道をならふといふは、自己をならふ也。自己をならふといふは、自己をわするるなり。自己をわするるといふは、万法に証せらるるなり。万法に証せらるるといふは、自己の身心および他己の身心をして脱落せしむるなり。

というのであろう。

「修」と「証」

さて、「現成公案」の巻ではまた、「自己をはこびて万法を修証するを迷とす。万法すすみて自己を修証するはさとりなり」および「諸仏のまさしく諸仏なるときは、自己は諸仏なりと覚知することをもちゐず。しかあれども証仏なり、仏を証しもてゆく」という表記に見られるように、「修証」または「修」と「証」の問題が挙げられる。

『眼蔵』全体では「修証」の語が登場する箇所は九〇箇所であるが、「修」と「証」が単独で現出する箇所も、前者は四三一箇所、後者は四二三箇所にも現出をする。ここでは主として前者に絞って見ていくこととするが、右の表記と関連する箇所は、やはり多くの識者が指摘するごとく、

「辨道話」の中の、次のような箇所であろう。

それ修証はひとつにあらずとおもへる、すなはち外道の見なり。仏法には、修証これ一等なり。いまも証上の修なるゆゑに、初心の辨道すなはち本証の全体なり。かるがゆゑに、修行の用心をさづくるにも、修のほかに証をまつおもひなかれとをしふ。直指《じきし》の本証なるがゆゑなるべし。

「修証」は一つ（一緒）であり、そのように思わないものは外道《げどう》である、という。「修」と「証」は、「修証」として、そう言ってよければ、「同時」（同じ時）であり、「同事」（同じ事）である、というのだ。したがって、「一方を証するときは一方はくらし」ということになる。

この箇所は、「辨道話」の問答の「答え」の部分、「しめしていはく」の部分にあたる箇所であるが、この「問い」の部分は、「とうていはく、この坐禅の行は、いまだ仏法を証会せざらんものは、坐禅辨道してその証をとるべし。すでに仏正法をあきらめえん人は、坐禅なにのまつところかあらん」というものである。

道元の「辨道話」におけるこの問いは、「現成公案」の巻における宛名人、「鎮西の俗弟子、楊光秀」にこそ、ふさわしい。すなわち彼は、「この坐禅の行は、いまだ仏法を証会せざらんものは、坐禅辨道してその証をとるべし」ということにあたいする、と思われる人物だからである

（なにしろ「俗弟子」であるので）。

むろん、この箇所の言い条は、「俗弟子、楊光秀」のみならず、すべての「いまだ仏法を証会せざらんもの」に対して向けられた言表ではあるが、ここでは、「修のほかに証をまつおもひなかれ」、「坐禅なにのまつところかあらん」と、周到に言及をされている。

存在と時間あるいは有時《うじ》

さて、「現成公案」の巻におけるもう一つの主要な問題は、時間の認識に関わる、いわゆる「三際《さんさい》」＝「前際《ぜんさい》」・（「中際《ちゅうさい》」）・「後際《ごさい》」として知られる、「たき木はひ（灰）となる」の箇所の問題である。以下にこの箇所の原文を見てみよう。

たき木はひとなる、さらにかへりてたき木となるべきにあらず。しかあるを、灰はのち、薪はさきと見取すべからず。しるべし、薪は薪の法位に住して、さきありのちあり、前後ありといへども、前後際断せり。灰は灰の法位にありて、のちありさきあり、かのたき木、はひとなりぬるのち、さらに薪とならざるごとく、人のしぬるのち、さらに生とならず。

しかあるを、生の死になるといはざるは、仏法のさだまれるならひなり、このゆゑに不《ふ》生《しょう》といふ。死の生にならざる、法輪のさだまれる仏転なり、このゆゑに不滅といふ。生も一時のくらゐなり、死も一時のくらゐなり。たとへば冬と春とのごとし。冬の春となるとおもはず、春の夏となるといはぬなり。

〔現代語訳〕

薪《たきぎ》は灰となる。だが、灰はもう一度もとに戻って薪とはなれぬ。それなのに、灰はのち、薪はさきと見るべきではなかろう。知るがよい、薪は薪として先があり後がある。前後はあるけれども、その前後は断ち切れている。灰もまた灰としてあり、後があり先がある。だが、かの薪が灰となったのち、もう一度、薪とはならない。それとおなじく、人は死せるのち、もう一度生きることはできぬ。

だからして、生が死になるといわないのが、仏法のさだまれる習いである。このゆえに不生という。死が生にならないとするのも、仏の説法のさだまれる説き方である。このゆえに不滅という。生は一時のありようであり、死もまた一時のありようである。たとえば、冬と春とのごとくである。冬が春となるとも思わず、春が夏となるともいわないのである。（増谷文雄訳）

この「前際」・（「中際」）・「後際」に関連する「説明」と思われるものは、一二巻『眼蔵』の「発菩提心《ほつぼだい》」の巻などで出てくる、「刹那生滅《せつなしょうめつ》」の考え方である。

「発菩提心」の巻では、「仏法をしらず、仏法を信ぜざるものは、刹那生滅の道理を信ぜざるなり。もし如来の正法眼蔵涅槃《ねはん》妙心をあきらむるがごときは、かならずこの刹那生滅の道理を信ずるなり」(「発菩提心」)と出てくるが、それは仏教の「縁起」説と関連している、と道元は述べている。次の消息がそれである。

しるべし、今生の人身《じんしん》は、四大五蘊《うん》、因縁和合して、かりになせり。八苦つねにあり。いはんや刹那々々に生滅してさらにとゞまらず、いはんや一弾指《だんじ》のあひだに六十五の刹那生滅すといへども、みづからくらきによりて、いまだしらざるなり。(「出家功徳」)

今生の人身は、「四大五蘊《しだいごうん》(地水火風の四大元素や五蘊・色受想行識《しきじゅそうぎょうしき》の物質と精神作用)、因縁和合して、かりになせり。(四苦)八苦つねにあり。いはんや刹那々々に生滅してさらにとゞまらず」という、「縁起」の存在(「生」)であるが、その「一刹那」に「発心修証するも即心是仏なり」と道元はいう。七五巻『眼蔵』「即心是《ぜ》仏」の巻には、次のように出ている。

たとひ一刹那に発心《ほっしん》修証するも即心是仏なり、たとひ一極微中に発心修証するも即心是仏なり、たとひ無量劫《ごう》に発心修証するも即心是仏なり、たとひ一念中に発心修証するも即心是仏なり、たとひ半拳裏《はんけんり》に発心修証するも即心是仏なり。

この「現成公案」の巻における「たき木はひ（灰）となる」云々の箇所が、私たちに理解しにくいのは、私たちが時計の時間、すなわち近代の時間観念、すなわち、過去・現在・未来、という過ぎ去りゆく時間であり、それは「実在」し得る時間（と存在）である、と観念をしている（思い込んでいる）、ことに一つの原因があろう。

「現成公案」の巻で述べられている「時間」と「存在」は、そうではない。たとえば、自己にとって「明日」という時間は永遠にこない、というか、「ない」のである。なぜなら、「明日」というのは、「未来」であるが、それは「言語」であり、「概念」であるからである。ひらたくいえば、それは「頭の中で」考えられている「明日」という「未来」＝概念でしかない。

同様に、「過去」も、それは「頭の中で想起された時間」、フッサールの言を借りるなら過去把《は》持《じ》としての時間、または「経験した事実として想起されたことがら（時間）」でしかない。「過去」というのも、「明日」と同じく、言語によって概念化された「時間」と「存在」（の記憶）なのである。

この意味で、「今生の人身は、四大五蘊、因縁和合して、かりになせり」という、「縁起による存在」の「人身」は、向き合っている「現実」が、「中際」の「時間」、道元によれば、「一刹那」において「存在」するもの、ということになろう。

もし自己が、燃えている薪《まき》に、「現在」立ち会っているなら、それは（過ぎ去った）「前際」の、燃える前の薪と立ち会っているわけではない。また、燃えた「あとの（灰となった）薪」、すなわち「後際」と立ち会っているわけではない。現在、「燃えている薪」（「中際」）、に立ち会っているのだ。

したがってこれを指して仏法では「不生」・「不滅」といい、「生も一時のくらゐ」とし、「死も一時のくらゐ」ととらえているのだ、という。

「自己」は、経過する現在を、「連なりながら」、縁起的存在者として、「存在」しているのである。

また、周知のように、『眼蔵』で、時間と存在を主要なテーマとしている巻に、「有時《うじ》」の巻があるが、いうまでもなく「有」は存在、「時」は時間のことである。この「有時」の巻では、「時間」と「存在」が切り離せないものとして、「いはゆる有時《うじ》は、時すでにこれ有《う》なり、有《う》はみな時なり」と述べながら、次のように指摘をされている。

> しかあるを、仏法をならはざる凡夫の時節にあらゆる見解《けんげ》は、有時のことばをきくにおもはく、あるときは三頭八臂《ぴ》となれりき、あるときは丈六八尺となれりき、たとへば、河をすぎ山をすぎしごとくなりと。いまはその山河たとひあるらめども、われすぎきたりて、いまは玉《ぎよく》殿朱楼に処せり。山河とわれと、天と地となるとおもふ。
>
> しかあれども、道理この一条のみにあらず。いはゆる、山をのぼり河をわたりし時にわれ

ありき、われに時あるべし。われすでにあり、時さるべからず。時もし去来《こらい》の相にあらずば、上山の時は有時の而今《しきん》なり。時もし去来の相を保任せば、われに有時の而今ある、これ有時なり。

仏法を知らない凡夫は、「有時《うじ》」の言葉を聞いて、ある時は、不動明王のごとく煩悩折伏《しゃくぶく》の相を呈し（三頭八臂となれりき）、ある時は、仏身の相を呈す（丈六八尺となれりき）と思っている。それは河を過ぎ山を過ぎてのち、玉殿朱楼に到着するようなものだ。山河と自己は、天と地のように隔絶をしているのだ、と思う。

しかし、右の考えは違う。山に登る、河を渡る時に、すでに山、河に至っている自己が時であり、存在する「われ（自己）」なのだ。「われ」は時間（の存在）でもあり、存在としての時間は「われ」にある。

上山の時、すでに「われ」は「有時の而今《しきん》」であり、時間は去ることはない。一方、時がもし立ち去る（流れ去る）という相を所有し、そちらの側から「われ」を観るなら（時もし去来の相を保任せば）、それは「われ」が「有時の而今」として存在するもの、として存在している、という。これは「有時の而今《しきん》」（存在する時間の現在）である、これが「有時」（存在と時間）ということでもある、と道元はいう。

「現成公案」の巻における「たき木はひ（灰）となる」という箇所は、「縁起」による存在者としての（自己）「存在」と、「時間」とが、「相即」している、ということの謂いなのである、と見なし得よう。

「修証」と現成公案

さて、「現成公案」の巻で、「現成公案」という言葉が直接出てくる箇所がある。いわゆる「用大のときは使大」、「要小のときは使小」という、「うを」・「鳥」と水・空との「関係」（比喩）を述べる箇所である。この箇所の原文は次のとおりである。

> うを水をゆくに、ゆけども水のきはなく、鳥そらをとぶに、とぶといへどもそらのきはなし。しかあれども、うをとり、いまだむかしよりみづそらをはなれず。只《ただ》用大のときは使大なり、要小のときは使小なり。
>
> かくのごとくして、頭頭《ちょうちょう》に辺際をつくさずといふことなく、処処に踏翻《とうほん》せずといふことなしといへども、鳥もしそらをいづれば、たちまちに死す、魚もし水をいづれば、たちまちに死す。以水為命《しめい》しりぬべし、以空為命しりぬべし。以魚為命あり、以命為鳥なるべし。このほかさらに進歩あるべし。修証あり、その寿者命《みょう》者あることかくのごとし。
>
> しかあるを、水をきはめ、そらをきはめてのち、水そらをゆかんと擬する鳥魚あらんは、水にもそらにも、みちをうべからず、ところをうべからず。このところをうれば、この行李《あんり》

したがひて現成公案なり。

〔現代語訳〕

魚が水のなかを行くときは、どこまで行っても水の際限はない。鳥が空を飛ぶときは、どこまで飛んでも空に限りはない。しかし、魚も鳥も、いまだかつて水を離れず、空を出ない。ただ大を用うるときは大を使い、小を要するときは小を使う。

それと同じく、それぞれどこまでも水をゆき、ところとして飛ばざるはない。鳥がもし空を出ずればたちまちに死に、魚がもし水を出たならば、たちどころに死ぬ。水をもって命となし、空をもって命となすとはそのことである。鳥をもって命となし、魚をもって命となすのである。いや、命をもって鳥となし、命をもって魚となすのであろう。そのほか、さらにいろいろといえようが、われらの修行やその証といい、寿命というも、またそのようなものなのである。

そうであるのに、水を究めてのち水を行かんとする魚があり、空をきわめてのち空をゆかんとする鳥があらば、彼らは水にも空にもその道をえず、その処をうることはできまい。この道理がわかるならば、（仏道修行の）行程というものが現成の公案である、ということが理解されるはずである。（拙訳）

魚や鳥は、限りのない水・空をゆく。彼らは昔から水・空を離れたことはなく、その時々の必要に応じて、水・空を、水として、また空として用いている。「用大」・「使大」とは、用いる側の力量・必要度のことであり、使い方・使い道を「使」と言う。

そのように水・空を用いているからこそ、彼らにとって水や空がある。しかしそれは、魚・鳥にとって、「泳ぐ」という「行為」、「飛ぶ」という「行為」があってこその、彼らにとっての世界の現成があるのであり、泳ぐという行為、飛ぶという行為を止めたとたんに、彼らは死すべきものとなる。

その意味で、彼らは、水・空を知ったのちに「泳ぎ」・「飛ぶ」という行為を始めたわけではない。彼らにとっては、泳ぎ・飛ぶという行為と、水・空は、「同事（時）」・「同参」の「現成」なのである。

仏道修行における「修証」ということも、また同様なのである。行為をしたのちに何か（悟り）が得られる、というものではない。（仏道修行という）行為とその果（仏となっていること）の証しというのは、同時（事）・同参なのだ。

そこに現成の公案、すなわち「現成公案」がある。

沈黙に抗《あらが》って発音するということは、自分の存在を証すこと以外のなにものでもない。沈黙の坑道から己れをつかみ出すことだけが〈歌〉とよべよう。

右は、現代音楽の作曲家、武満徹氏が一九七一年に上梓した書、『音、沈黙と測りあえるほどに』（新潮社、五二頁）からの一文である。

「音」は「沈黙」によって成立し、「沈黙」は「音」によって「存在」するものとなる。しかしながら、というか、それゆえに、「沈黙に抗って発音するということは、自分の存在を証すこと以外のなにものでもない」こととなる。

ここで、「沈黙に抗って発音する」ということと、「発心」・「修行」する、という「行為」とは、世界を現成させるものとして、同義と見なし得よう。

「現成公案」の巻では、この「うを水をゆくに云々」の文節のあと、数行を経て、先に記述した、「麻浴山宝徹禅師、あふぎをつかふちなみに」の終章に移行する。

四　「本証妙修」をめぐる問題

道元と「本証妙修」の語

さて、ここでは、「現成公案」の巻で、絶えず問題とされてきた、「修」と「証」をめぐる問題で、「本証妙修」という考え方をめぐり、若干の附言を試みておこう。

この「本証妙修」という考え方をめぐっては、

　道元禅師の一生に思想の変化がなかったとは言えない。しかし「弁道話」で示された課題は最後まで禅師の課題であったし（上のほか、禅宗という称に対する批判、三教一致論批判など）、その問題追求における一貫性はむしろ驚嘆すべきものがある。

とする、高崎直道氏の見方が挙げられよう。

氏は、「本証妙修ということ」という論考（『續輯 永平正法眼蔵蒐書大成』月報四、大修館書店、一九九五年）の中で、次のように述べ、「本証妙修」という「考え」を支持している（以下、引用はこの論考による）。

曹洞宗は、開祖道元禅師の教えを宗意すなわち教義の基本としており、その宗意とは一言で言えば〈本証妙修〉あるいは〈証上の修〉ということである、とは、われわれが小僧の時から教えられて来たことである。

と述べ、論考の最後で、次のように述べる。

大梅《だいばい》（法常禅師）にならうのはおこまがしいが、筆者もまた言いたい。仏性が有るかないかは知らぬ、道元禅師の宗旨は本証妙修、不染汚《ふぜんな》の修証にあると。

ここで高崎氏は、文面から判断する限り、道元の宗旨（または宗意）は「本証妙修」あるいは「証上の修」もしくは「不染汚《ふぜんな》の修証」にある、と断定をしている。

ひとつ言えることは、道元自身は「修証」あるいは単独で「修」・「証」という用語を使用してはいるが、「本証妙修」という一続きの用語は、「辨道話」でも、また『眼蔵』全巻においても、一度も使用されてはいない。

また「本証妙修」という一続きの用語は、誰かの「造語」にほかならないが、「本証」および「妙修」という語も、「証上の修」という語も、その用法が出てくるのは「辨道話」のみであり、七五巻『眼蔵』や一二巻『眼蔵』にはまったく出てこない。

「不染汚の修証」という使い方も、そのままの形では、「坐禅は習禅にはあらず、大安楽の法門なり、不染汚の修証なり」（「坐禅儀」）、という言い方と、「しかあればしるべし、不染汚の修証、これ仏祖なり。仏祖三昧《ざんまい》の霹靂《へきれき》風雷なり」（「自証三昧」）の、『眼蔵』全巻においても、二箇所のみである。

「本証」および「妙修」という語は、「妙修を放下すれば本証手の中にみてり、本証を出身すれば、妙修通身におこなはる」という「辨道話」の箇所の言表で出てくるものである。少し長文となるが、頻をいとわず、その箇所を確認してみよう（傍点、引用者）。

> それ修証はひとつにあらずとおもへる、すなはち外道の見なり。仏法には、修証これ一等なり。いまも証上の修なるゆゑに、初心の辨道すなはち本証の全体なり。かるがゆゑに、修行の用心をさづくるにも、修のほかに証をまつおもひなかれとをしふ。直指《じきし》の本証なるがゆゑなるべし。すでに修の証なれば、証にきはなく、証の修なれば、修にはじめなし。ここをもて、

釈迦如来・迦葉《かしょう》尊者、ともに証上の修に受用せられ、達磨大師・大鑑高祖、おなじく証上の修に引転せらる。仏法住持のあと、みなかくのごとし。

すでに証をはなれぬ修あり、われらさいはひに一分の妙修を単伝せる、初心の辨道すなはち一分の本証を無為の地にうるなり。しるべし、修をはなれぬ証を染汚せざらしめんがために、仏祖しきりに修行のゆるくすべからざるとをしふ。妙修を放下すれば本証手の中にみてり、本証を出身すれば、妙修通身におこなはる。

（中略）

きかずや祖師のいはく、修証はすなはちなきにあらず、染汚することはえじ。又いはく、道をみるもの、道を修すと。しるべし、得道のなかに修行すべしといふことを。

〔現代語訳〕

そもそも仏道における修行とその証が一つではないと思っているものは、外道の考え方にほかならない。仏法では、修行とその証ということは第一なのである。それは今も証があっての故の修行なので、ふた心ない辨道（修行）がとりもなおさず仏である証ということの全体なのだ。

そういうわけであるから、修行の心構えを示すにも、修行をすること自体が仏であることの証なので、あらためて悟りを待つ必要はないと教えているのだ。それは直接、自己の証だからである。そういうわけで、修行がすなわちその証なので限りというものがなく、証に保証された修行ということなので、はじまりがどこかということもないのである。

このゆえに釈迦如来・迦葉尊者も、証ということに保証された修行を経て仏祖として受け入れられてきたのであり、おなじく達磨大師・大鑑高祖も証上の修という法輪を転じてきたのである。仏法を守護してきた仏々祖々は、みなかくのごとくであった。

そういうことなので、証と切り離された修行はないのである。我らは幸いなことにこの不可思議なとも言える修行を体得し、ふた心ない修行による本証を、無為の地において得ることができるのである。

知るべきである。修行が伴う仏としての証というものは傷つけられないものなので、仏祖がたは、修行をなおざりにすべきでないと教えてきたのである。神妙不可思議な修行ということを意識せずに修行をするならば、仏としての本当の証が得られ、本当の証ということを脱ぎ捨てるならば、神妙不可思議な修ということが身につくのである。

（中略）

聞いたことがあるであろう。祖師が言うには修と証ということはないではない。ただそれは傷つけられないものなのだ、ということを。また次のようにも言う。仏法を観るものは仏道修行をするものであると。知るべきである。仏法を身につけるということの中に修行をすべきであるということを。（拙訳）

先述もしているが、この「辨道話」の引用箇所は、「とうていはく、……坐禅なにのまつところかあらん」との問いに対する、答えの部分、すなわち「しめしていはく」の答えに相当する部分である。

ここでの「問答」は、一読して理解されるように、そのテーマが、「修証」および「修」と「証」ということと、それに加えて、「証上の修」および「得道のなかに修行すべし」ということにある、ということは明らかであろう。

「証上の修」および「得道のなかに修行すべし」というテーマは、先にも見たとおり、修行および「仏向上」ということと関連する用語であり、「本証」および「妙修」というのは、「証」と「修」の修辞的用法と見なし得るものであろう。

「証上の修」という用語は、いずれも「辨道話」のみに登場し『眼蔵』中には出てこない。これを含む「証上」という用語も、全部で六箇所に登場をするのみである。

また高崎氏自身は、前掲論考の中で、

(「辨道話」は)後年の編集では『正法眼蔵』の本文に加えられていない。そしてその(『眼蔵』)本文中には「本証」も「妙修」も「証上の修」も言葉の上では一度も使われていない。これは〈本証妙修〉という言葉は当時の仏教界、具体的に言えば叡山の本覚法門を意

識して使われたのではないかとの憶測を生む。（二頁）

と述べてはいるが、それ以上にはこの論を展開してはいない。

「本証妙修」という造語

「本証妙修」という語は、道元が使用していない「造語」であるが、「本証」と「妙修」という語は当時の「本覚法門」ということを意識して使用されたのではないか、と高崎氏は述べている。が、逆に、むしろ、それゆえに、「辨道話」の箇所でしか使用されず、『眼蔵』中では以後、この「本」と「妙」という接頭辞がついた「証」と「修」は使用されなかった、とも見なし得る。『眼蔵』中の本文で使用されなかった「本証」と「妙修」という語は、「本覚思想」・「如来蔵思想」と見なされやすい語である、と道元が判断した可能性も、あながち否定はできない。たとえば、これに似た語の「本性」や「本覚」という語は、「本覚思想」・「如来蔵思想」批判の文脈で現出をする。

　また真我と称し、覚元といひ、本性と称し、本体と称す。かくのごとくの本性をさとるを、常住にかへりぬるといひ、帰真の大士といふ。……これすなはち先尼外道が見なり。（「即心是仏」、傍点、引用者）

一方、「妙修」のように、「修」に「妙」という接頭辞がついた語は、「辨道話」の各所で、「妙法」「妙術」「妙道」など、と多く見られる用法である。

「辨道話」の冒頭にも、「諸仏如来、ともに妙法を単伝して、阿耨菩提を証するに、最上無為の妙術あり」と、出ている。

しかし、「妙修」と同じく、「妙術」「妙道」などの言い方は「辨道話」で使用されているが、『眼蔵』中では使用されないか、使用されてもほんの一、二箇所である。「妙法」は、「法華経」との関連で、出現箇所は二四箇所である。『法華経』との関連がない、単なる「妙法」というのは漢文引用も含め、九箇所である。「本」と「妙」の接頭辞がついた例外的箇所は、「空華《くうげ》」の巻の次の一箇所である（傍点、引用者）。

> しるべし、仏道の翳人《えいにん》といふは、本覚人なり、妙覚人なり、諸仏人なり、三界人なり、仏向上人なり。おろかに翳を妄《もう》法なりとして、このほかに真法ありと学することなかれ。

「空華」の巻の「翳人」というのは、「眼にブラインドが下ろされている人」というような意味であり、「空華」というのは、そのように（ほかを見ず）一心不乱に仏道修行をする人が空中に「華」を見る、すなわち、その「証」がある、という文脈である、と解され得るものである。

したがって、ここでの「本覚人なり、妙覚人なり」という言い方は、それを強調するための言表ではあると思われるが、これの出現箇所は、『眼蔵』中で、この一箇所のみである。

いずれにせよ、事例から見る限り、法華経と関係する「妙法」というような事例をのぞき、「本《ほん》」および「妙」という、接頭辞のついた言語の使用は、『眼蔵』中では非常に少ない、と見なすことはできよう。

「本証妙修」という、近代のある時点で、誰かが標榜し、称え始めた「造語」に、信仰告白をする、ということはあり得ること、と思われるが、その場合には、出現箇所が少なくとも、確かにその「造語」が、道元の思想のエッセンスを伝えている、という証明が必要となろう。

「本証妙修」という「造語」、ならびに「本証」および「妙修」という語は、果たして道元の思想のエッセンスを伝えているのであろうか。

如上のような出現箇所および文脈からするなら、「証」と「修」という語は別として、「本証妙修」という「造語」、ならびに「本証」および「妙修」という語は、到底、道元の思想のエッセンスを伝えているもの、とは思われない。

その証明なしの信仰告白は、「仏向上」の立場でもなく、また道元がしきりに言っている、「審細に参究せよ（または参ぜよ）」という言葉に照らしても、それは、もっとも遠い所に位置しているもの、ではなかろうか。

第二章　道元の鎌倉下向と一二巻『眼蔵』

一　道元の思想の変遷

道元の思想は変化したか

道元の思想的変遷について、おおむね、(1) 生涯を通じ、それほど変わらなかった、とする見解や、(2) 変わった、とする見解、いや、(3) それは「分裂」というべきものである、という見方、さらには、(4) 一二巻『眼蔵』をどう見るか、ということをめぐって、議論は様々な展開を見せている。

ここでは「道元の思想的変遷」ということについて直接、というより、筆者がコンピュータにおける『眼蔵』の検索システムを構築し、その検索結果から見えてきたと思われる道元の『眼蔵』における「傾向」について、あるいは、この過程で幾つか見えてきた問題点と思われる点、を報告して見よう。

さて「変遷」について、(1)の立場では、前章で先述した「本証妙修ということ」という論考

（『續輯　永平正法眼蔵蒐書大成』月報四）における高崎直道氏などの見方、すなわち、

道元禅師の一生に思想の変化がなかったとは言えない。しかし「弁道話」で示された課題は最後まで禅師の課題であったし（上のほか、禅宗という称に対する批判、三教一致論批判など）、その問題追求における一貫性はむしろ驚嘆すべきものがある。

とする見方などが挙げられよう。

(2)の立場では、これも前章で先述したごとく、古田紹欽氏の「寛元元年を境とする道元の思想について」の論考などが挙げられよう。

(3)は、日本思想大系『道元』上・下（岩波書店）の校注に関わった寺田透氏の「道元における分裂」という考察（章）がある、『道元の言語宇宙』（岩波書店、一九七四年）が挙げられる。

(4)については、『十二巻本『正法眼蔵』の諸問題』（鏡島元隆・鈴木格禅編、大蔵出版、一九九一年）に収録された諸論考などがあるので、この問題の所在等についてはこの書を参照していただくとして、ここでは筆者が考える一二巻『眼蔵』の問題を追及して見ることとする。

仏法は有部《うぶ》すぐれたり

さて、筆者がここで問題にしようとするものは、右のうち、(3)の寺田氏の、「道元における分

裂」という考察である。筆者自身は、道元が「分裂」していると見るかどうかはともかく、寺田氏の主張には汲むべき点が少なくない、と見るからである。

寺田氏がその根拠として「驚くべき説示」として挙げた箇所は、一二巻『眼蔵』の「供養諸仏」の巻の、「仏法は有部《うぶ》すぐれたり」と出てくる、次の箇所である。

> 仏法は有部《うぶ》すぐれたり。僧祇律《そうぎりつ》もとも根本なり。僧祇律は法顕《ほっけん》はじめて荊棘《けいきょく》をひらきて西天《さいてん》にいたり、霊山《りょうざん》にのぼれりしついでに将来するところなり。祖々正伝しきたれる法、まさしく有部に相応せり。（傍点、引用者）

〔現代語訳〕

仏教の中では有部がすぐれている。その中でも「摩訶《まか》僧祇律」はもっとも根本である。「摩訶僧祇律」は中国東晋時代の僧、法顕が初めて道なき所に道を拓《ひら》いて天竺（インド）に至り、釈迦牟尼仏が説法をした霊鷲山《りょうじゅせん》に登った時に招来したものである。それは仏祖から仏祖へと正伝されてきたものであり、まさしく有部にふさわしい。（拙訳）

「有部《うぶ》」すなわち「説《せつ》一切有部」は、言うまでもなく過・現・未、三際を通じて「一切法」の実在を説く「小乗」の一派で、摩訶《まか》僧祇律を守る「大衆部」と異なり「十誦《じゅ》律」（仏教教団における規則や作法、戒律などをまとめた律書のひとつ）を守るとされているが、「三世実有《さんぜじつう》・法体恒有《ほったいごう》」（三世において実有《じつう》なる法体《ほったい》・法そのものが恒《つね》に有る）などの説に代表される「有《う》」を信じる部派仏教の一派には違いがない。

また道元がここで「僧祇律もとも根本なり」と言ったのは、「僧祇律」が仏教の大衆部に継承されてきた「律」ではあるが、「受戒作法の説明」や「衣に関する規定」、また「行儀作法に関する規定」などを持っていたから、と言えなくもない。なんとなれば、周知のように七五巻『眼蔵』では「洗面」の巻、一二巻『眼蔵』では「受戒」の巻や「袈裟功徳」の巻などが「洗面」や「受戒作法」、「衣」などに関する詳説がなされており、この「僧祇律」の構成の一部が道元の志向（の一部）と合致していたからとも推測可能である。

ただしかし、「仏法は有部すぐれたり」と言ったのは、「有部」は「説一切有部」の略称ということが通念だとしても、「説一切有部すぐれたり」と言ったのではなく、説一切有部にせよ大衆部にせよ、「有」を説く立場が、仏法としてはすぐれていると言ったのではないか、と寺田氏は言う（寺田、前掲書、二一七頁）。

この「有部すぐれたり」という語は、突然に一二巻『眼蔵』の「供養諸仏」の巻に登場をする。寺田氏が「驚くべき説示」というのも無理はない。しかし、この問題は一二巻『眼蔵』における、非常に重要な問題であるにもかかわらず、管見の限りでは研究者のあいだで、あまり議論の対象にされてこなかった。これは何故であろうか。『眼蔵』を研究するうえで、寺田氏が提起した問題は、無視できるほどの「小さな問題」ではない、と考えられるのである。

本章では、この寺田氏の指摘を手がかりに、七五巻『眼蔵』と一二巻『眼蔵』における相違（差異性）を、特に一二巻『眼蔵』に現出する特徴的な言語と思われる用語を抽出して、それらを検討の俎上に載せて見ようとするものである。

さて、右の「有部」という言葉自体は『眼蔵』の中では、二箇所に出てくるが、右のほか、もう一箇所は七五巻『眼蔵』「仏性」の巻に出てくる。ここでは、趙州《じょうしゅう》と僧との、「狗子《くし》にまた仏性有りや無《いな》や」という問答で現出する。


趙《でう》州いはく、有《う》。この有の様子は、教家の論師等の有にあらず、有部の論有にあらざるなり。すゝみて仏有を学すべし。仏有は趙州有なり。趙州有は狗子《くし》有なり、狗子有は仏性有なり。（傍点、引用者）

〔現代語訳〕
その有《う》のありようは、教家の論師などがいう有ではなく、有部にいうところの有でもない。さらにすすめて仏《ほとけ》のいう有ということを学ばなければならぬ。仏のいう有が趙州のいう有である。趙州の有は狗子有なのであり、その狗子有は仏性の有なのである。（拙訳）

中国・唐代の禅僧で『趙州真際禅師語録』三巻（『趙州録』）などで知られる趙州の「狗子（犬）に仏性はあるか」という問答は、中国南宋時代の公案集『無門関《むもんかん》』の第一則に取りあげられ、東洋的「絶対無」の思想を象徴する問答として名高いが、それを道元は、「有部の論有《う》にあらざるなり。すゝみて仏有《う》を学すべし」と述べている。「有部」とは、先述したように「一切法」が実在すると説く教理を奉ずる「小乗」の学派で、ここではそれが否定されていると言えよう。ただ、ここでは「有部」が一二巻『眼蔵』「供養諸仏」の巻のように特別、肯定的に扱われている訳ではない、と見なされよう。しかし、この「有部」が登場する時期について、寺田氏は前掲書の中で、次のように述べている。

それればかりではなく説一切有部の論拠とされる阿毘達磨毘婆沙論《あびだつまびばしゃ》がいつ道元によって考慮されるようになったか、たかだか『眼蔵』の中から見つかる日時の記録によってだが、それを見ると、この問題にかなりはっきりした輪郭が与えられる。

それは他でもなく『眼蔵』執筆の後期、まず「発菩提心《ほつぼだいしん》」においてであり、次いで、「伝衣」における「袈裟功徳」、「発無上心《ほつむじょうしん》」における「発菩提心」と同様の関係で、「出家」に引きつづき書かれたものと想像される「出家功徳」においてであり、それから「三時業」においてなのだ。（寺田、前掲書、二三〇頁）

「阿毘達磨（大）毘婆沙論」というのは「説一切有部」の教説の注釈書で、玄奘訳の漢訳が存在しているという。しかしながら、「仏祖の往昔（過去）は吾等なり、吾等が当来（当《まさ》に来《きた》るものとしてのわれ）は仏祖ならん、仏祖を仰観すれば一仏祖なり（仏祖を仰ぎ見るなら当《まさ》に一個の仏祖なり）」（「渓声山色」）という言表に代表されるような、あるいは、「脱落」や「超越」、「透脱」というような言説、すなわち時間の発無性と存在の現前による位相に立っていたと見なされる道元は、実体を否定し通常の見方を脱構築（déconstruction）する、ある意味において「空観」的な立場を、その言語活動の中で繰り返し確認し、説いてきたのではなかったか。

悉有《しつう》は仏性なり

たとえば七五巻『眼蔵』「仏性」の巻では、「有《う》」が登場する、有名な「一切衆生、悉有《しつう》仏性」（一切の衆生はことごとく仏性を有する）という言葉を、「悉有は仏性なり」と読み替え、意味を脱構築した、「道元の意味」に引き寄せる。

世尊道の、「一切衆生、悉有《しつう》仏性」は、その宗旨いかん。是什麼物恁麼来《ししもぶついんもらい》《是れ什麼物《なに》か恁麼《いんも》に来《きた》る》の道転法輪なり。あるいは衆生といひ、有情といひ、群生といひ、群類といふ、悉有の言《ごん》は衆生なり、群有也。すなはち悉有は仏性なり。悉有の一悉を衆生といふ。正当《しょうとう》恁麼時は、衆生の内外《ないげ》すなはち仏性の悉有なり。単伝する皮肉骨髄《こつずい》のみにあらず、汝得吾皮《にょとくごひ》肉骨髄なるがゆへに。

しるべし、いま仏性に悉有せらるゝ有は、有無の有にあらず。悉有は仏語なり、仏舌なり。仏祖眼睛《がんぜい》なり、衲僧鼻孔《なっそうびくう》なり。悉有の言、さらに始有にあらず、本有にあらず、妙有等にあらず。いはんや縁有・妄有ならんや。心・境・性《しょう》・相《そう》等にかゝはれず。

しかあればすなはち、衆生悉有の依正《えしょう》、しかしながら業増上力にあらず、妄縁起にあらず、法爾《ほうに》にあらず、神通《じんづう》修証にあらず。衆生の悉有それ業増上および縁起法爾等ならんには、諸聖《しょう》の証道および諸仏の菩提、仏祖の眼睛も業増上力および縁起法爾なるべし。

しかあらざるなり。尽界はすべて客塵《かくじん》なし。直下さらに第二人あらず、直截《じきせつ》根源人未識、忙忙業識幾時《ごっしききじ》休《直に根源を截《き》るも人未だ識《し》らず、忙忙たる業識幾時か休せん》なるがゆへに。妄縁起の有にあらず、偏界不曾蔵《へんかいふすんぞう》のゆへに。

偏界不曾蔵《へんかいふすんぞう》といふは、かならずしも満界是有《ぜう》といふにあらざるなり。偏界我有は外道の邪見なり。本有の有にあらず、亘古亘今《かんこかんこん》のゆへに。始起の有にあらず、不受一塵のゆへに。倏々《じょうじょう》の有にあらず、合取《がっしゅ》のゆへに。無始有の有にあらず、是什麼物恁麼来のゆへに。始起有の有にあらず、吾常心是道のゆへに。

まさにしるべし、悉有中に衆生快便難逢《なんふ》なり。悉有を会取《ういしゅ》することかくのごとくなれば、悉有それ透体脱落なり。

〔現代語訳〕

釈迦牟尼仏がいうところの「一切衆生、悉有仏性」とは、その意味するところはいかに。それは、「これは、何ものが、このように来たのか」といっておられるのである。あるいは衆生といい、あるいは有情といい、あるいは群生といい、あるいは群類という。悉有というのは、その衆生のことであり、その群有のことである。

つまり、悉有は仏性であって、その悉有の一つのありようを衆生というのである。まさにその時にあっては、衆生は、その内も外も、そのまま仏性の悉有である。それは菩提達磨が伝える「皮・肉・骨・髄」のみではない。「汝はわが皮肉骨髄を得たり」であるからである。それに知るがよい。いま仏性に悉有せられる「有」は、有りや無しやの有ではない。悉有とは仏のことばであり、仏の舌（で語られた言葉）であり、したがって、また仏祖の眼目であり、仏者の鼻孔（真の面目）である。それはけっして始有でもなく、本有でもなく、また妙有などというものでもない。ましてや、縁有や妄有であろう筈はない。心・境・性・相などに関わるものでもない。

そういう訳であるので、衆生悉有の身心と世界とは、すべて、業《ごう》の力をもって変えうるものでもなく、妄情を縁としてもたらされるものでもなく、あるいは法の自然にしてかくあるものでもなく、神通の力によって証得せられるものでもない。もしも衆生の悉有なる仏性が、業によるもの、縁によるもの、あるいは法の自然にして、かくあるものとするならば、もろもろの聖者のさとりも、もろもろの仏の知恵も、あるいはもろもろの仏祖の眼目も、また業や縁や法の自然にして、しかるものであろう。

だが、そうではないのである。すべてこの世界にはまったく外より来るものはない。自己のほか別に第二の人が存在するわけではない。ただ、「直ちに根源を切断することを知らず、あれこれと妄想を呈しながら休む時がない」のである。「偏界《へんかい》かつて蔵《かく》さず」という。妄念によって現れ得る存在などあろう筈もないのである。

「偏界かつて蔵さず」というのは、かならずしも「一切世界はわが有」ということではない。それは外道のまちがった所見である。だからといって、また本有の有でもない。それは古今にわたっての存在であるからである。また、始めて起れる有でもない。「一塵をも受けず」であるからである。

また、突如として出現する有でもない。それは凡人も聖者も共に同じく有するが故である。あるいは、始めのない有でもない。だから「これは、何ものが、このように来たのか」というのである。あるいは、ある時はじめて存する有でもない。だから「わが平常心これ道」というのである。

まさに知るべきである。悉有という中においては衆生がそれに逢うのは難しいのである。そのように会得すれば、悉有というのは身体を透脱する脱落であるといえるのである。（拙訳）

ここでは道元は、釈迦牟尼仏が言ったとされる「一切衆生、悉有仏性」という言葉を、「一切衆生は悉《ことごと》く仏性を有す」と読むことを否定し、「悉有《しつう》の言は衆生なり、群有也。すなはち悉有は仏性なり。悉有の一悉を衆生といふ」と述べ、さらにそれは「仏性の悉有」でもあり、「是什《しし》麼物恁麼来《もぶついんもらい》」（是れは何者がそのようにやってきたのか）の謂《い》い（道転法輪なり）であるという。

ちなみに、七五巻『眼蔵』「仏性」の巻の冒頭では、「釈迦牟尼仏言、『一切衆生、悉有仏性、如来常住、無有変易《むうへんやく》』。これ、われらが大師釈尊の獅子吼《ししく》の転法輪なりといへども、一切諸仏、一切祖師の頂顙眼睛《ちんにんがんぜい》なり」と述べられているが、この「一切衆生、悉有仏性、如来常住、無有変易《むうへんやく》」という用語がひと続きで出てくるのは、この一箇所だけであり、他の巻々ではまったく出てこない。

ここに出てくる「一切衆生、悉有仏性」という言句は、出典は『涅槃《ねはん》経』「獅子吼《ししく》菩薩品」二七巻からであり、原漢文では、「釈迦牟尼仏言、一切衆生、悉有仏性。如来常住、無有変易《へんやく》」（「釈迦牟尼仏いわく、一切衆生はことごとく仏性を有す。如来は常住にして変易《へんやく》有ることなし」）とあるのを、道元は「如来常住、無有変易《へんやく》」を取らず（切り捨て?）、「一切衆生　悉有仏性」のみを問題として、しかもその意味を「道元の意味」に変えている。

『眼蔵』中における『涅槃経』の問題は後述するように、あらためて検討を加えるが、ここでは道元は「如来蔵思想」の典型的語句と見なされ得る「如来常住、無有変易《へんやく》」を取らないで、七五巻『眼蔵』「仏性」の巻で「一切衆生、悉有仏性」のみを問題としている、とも見なされよう。「是《し》什《し》麼《も》物《ぶつ》恁《いん》麼《も》来《らい》」というのは中国の祖録、『景徳《けいとく》伝燈録』五「南嶽《なんがく》懐譲《えじょう》章」に見える六祖慧《え》能《のう》との問答で、六祖慧能から「是什麼物恁麼来」と問われた南嶽懐譲はその時、「説似《せつじ》一物即不《ふ》中《ちゅう》」、すなわち、言語で説明しようとしても、真意を述べることが出来ず、説明した途端に的外れになる、と答えたという記事によっているとされるものである。

また道元は、世界は「偏《へん》界《かい》不《ふ》曾《すん》蔵《ぞう》」、(偏界かつて蔵《かく》さず)である、すなわち、あらゆる存在は隠れることなく、そのまま世界の実相として立ち現れるということであって、それはつまるところ世界の真実相としての「仏性」なのであるという。この間の事情を、寺田透著『正法眼蔵を読む』(法蔵館文庫、二〇二〇年)の解説者、林好雄氏は、同書の解説の中で次のように述べている。

> 世界(「偏界」)のすべての存在(「悉有」)は、何者か(「是《し》什《し》麼《も》物《ぶつ》」)としか言いようのないものが、そのようにやって来る(「恁《いん》麼《も》来《らい》」)としか言いようのない仕方で立ち現れるのであって、この「現〔立ち現れること〕」と「来《らい》〔到来すること〕」の関係について、寺田透は本書の「古鏡講読」の中で、「世界を死滅の相において表象することは間違いです。そういう間違い、そういう非現実的なイメージを避けるためになにが必要かというと、その世界の中での「来る」という現象、それが必要になるだろうと思います」と述べているが、この「仏

性来」あるいは「如来」の「来現」を、道元は、端的に「現成公案」あるいは「現成公案」という語句で表している。（林、同右書、解説、五八一～二頁）

しかしこの世界の「立ち現れ」（「現成」）にまみえるためには、もちろん、それなりの仏道修行という実際の行為と「仏」の教えを学ぶ知（識）と力量を備えた者でなければならない、ということが前提となっているとは言えるとしても、『眼蔵』を通読する限り、七五巻『眼蔵』では、常に理論的、抽象的、思想的なものがより配置をされ、『眼蔵』後期の著作、すなわち一二巻『眼蔵』では、（すべての箇所においてではないが）そうではなくなった、と考えられるのである。

一二巻『眼蔵』で消える「身心脱落」

一般に道元といえば、「身心脱落」（または「脱落身心」）などの語が有名であるが、類似の用語も、たんに「脱落」とか「超越」、または「透脱」（または「透体脱落」）などの用語も使用している。

筆者自身は、おおむね、これらの用語は、「身」（身体の行為）なり「心」なりが、「脱ぎ捨て（られ）て尚のこる何ものか」という意味であろうと解している。右の林氏の言説を借りて言うならば、「何者か」（「是什麼物」）としか言いようのないものが、そのようにやって来る（「恁麼来」）としか言いようのない仕方で立ち現れる」もの、が、「脱落」とか「超越」、または「透脱」

などの用語で言表をされていると解する。

しかし、これらの用語は『永平広録』に登場する事例等を除けば、ほとんどは七五巻『眼蔵』の中において使用されている。「脱落」の用語は現出場所が『眼蔵』全体で七九箇所であるが、一二巻『眼蔵』では、「袈裟功徳」の巻で二箇所（〇・〇二％）のみ。「超越」という用語は『眼蔵』全体で二六箇所に登場をするが、そのうち一二巻『眼蔵』ではこれも二箇所（〇・〇七％）のみ。「透脱」という用語は一二巻『眼蔵』ではゼロである。

むろん、これらの用語は、後述するように道元が新しく「新草・一百巻」を書き改めようとして果たせず一二巻『眼蔵』に留まった点があり、その点で用語の現出が量的に少なくなったとも考えられるが、先の寺田氏の指摘にもあるように、それはたんに量的な問題のみではなく「質的な問題」とも絡んでいてそうなっている、と思われるのである。たとえば、前章で取り上げた七五巻『眼蔵』「有時」の巻における、

有時に経歴《きょうりゃく》の功徳あり。いはゆる、今日より明日へ経歴す、今日より昨日に経歴す、昨日より今日に経歴す、今日より今日に経歴す、明日より明日に経歴す。経歴はそれ時の功徳なるゆゑに。

〔現代語訳〕

「存在」と「時間」（における認識）は、「あい渡《わた》る」という功徳（機能）を持っている。すなわちそれは、今日より明日へとあい渡り、今日より昨日にあい渡り、昨日より今日にあい渡る。今日より今日にあい渡り、明日より明日にあい渡る。「あい渡る」というのは、それが時の有する功徳（機能）なるがゆえにである。（拙訳）

というような道元の見方（言表）は、一二巻『眼蔵』では明らかに影をひそめる。

時間というものも、一二巻『眼蔵』のほとんどの巻では、「往昔《おうしゃく》」や、過去・過去世の「懺《さん》悔《げ》」を経て、現在（世）・来世（以降）に「業報（果）」という形で収斂をされるものとなる。寺田氏の用語を借りて言えば阿毘達磨毘婆沙論の「業《ごう》」が立ちはだかる、と言ってよい。具体的な事例を見てみよう。まず「業」という用語の検討を次にしてみよう。

七五巻『眼蔵』における「業」の用例

『眼蔵』中、「業」という用語は、「作業」や「なりわい」の意味の「業」、「家業」など、様々な用法で現出をするが、その数はそれらの用語を含めて二二八箇所に出てくる。ここでは、その事例のすべてを記述できないので、そのごく一部を紹介して見よう。左は、七五巻『眼蔵』における、仏教的な意味での「業」の語句が現出する巻の、事例の一部である（傍点、引用者）。

(1) しかあればすなはち、たゞ人間を挙《こ》して仏法とし、人法を挙して仏法を局《こく》量せる家門、かれこれともに仏子と許可することなかれ、これたゞ業報《ごっぽう》の衆生なり。いまだ身心の聞法あるにあらず、いまだ行道せる身心なし。（「行仏威儀《いいぎ》」）

(2) また真丹国にも、祖師西来《せいらい》よりのち経論に倚《い》解《げ》して、正法をとぶらはざる僧侶おほし。これ経論を披閲《ひえつ》すといゑども、経論の旨趣にくらし。これ黒業は今日の業力のみにあらず、宿生の悪業力なり。（「行持《ぎょうじ》 下」）

(3) その大旨は、願《ねがわく》は、われたとひ過去の悪業おほくかさなりて、障道の因縁ありとも、仏道によりて得道せりし諸仏諸祖、われをあはれみて、業累を解脱せしめ、学道さはりなからしめ、その功徳法門、あまねく無尽法界に充満弥淪《みりん》せらん、あはれみをわれに分布すべし。（「渓声山色《けいせいさんしょく》」）

(4) むかし、野干《やかん》を師として礼拝問《らいはいもん》法する天帝釈あり、大菩薩の称つたはれり、依業の尊卑によらず。（「礼拝得髄《らいはいとくずい》」）

右の事例(1)の七五巻『眼蔵』「行仏威儀」の事例では、「これたゞ業報《ごっぽう》の衆生なり」（単に業の報いの果として衆生となっている人たち）と出てくるが、これはすぐ下の文、「いまだ身心の聞法あるにあらず、いまだ行道せる身心なし」という理由で「業報」の語が使用されているものであり、一般的な意味における「業」の用法とみてよいものであろう。ちなみに、「業報」という用語は七五巻『眼蔵』では他に「大修行」の巻、一箇所に出てくるが、この用法も一般的な意味における「業」の用法とみてよいものである。ここで「業」の用法が「一般的」というのは、後述するように一二巻『眼蔵』における「業」の用法のように、実体的に説かれてはいない、という意味においてである。

(2)の「行持 下」の巻の事例では中国の、経論にのみ頼り仏作仏行《ぶっさぶつぎょう》を怠る「経論に倚解《いげ》して、正法をとぶらはざる僧侶」に対して「これ(このようなやからの)黒業(現世・来世以降に堕地獄となる行為・業)は今日の業力のみにあらず、宿生の悪業力なり」と言ったものであり、「在俗」のものに対してではない。むろんこれは翻って日本の「僧侶」に向けても説いていることではあるが。

(3)の「渓声山色」の巻では「業」は、「われたとひ過去の悪業おほくかさなりて、障道の因縁ありとも、仏道によりて得道せりし諸仏諸祖、われをあはれみて、業累を解脱せしめ」とある。この事例は一二巻『眼蔵』における「業」の用法と同じように見えるが、一二巻『眼蔵』におけるそれのように、実体的な事例に基づく用法は伴ってはいない。

(4)の「礼拝得髄」の巻の事例では「天帝釈」が、前世の「宿業」を負っているはずの「野干《やかん》」(狐の一種)に仏法を聞くという文脈になっている。「依業《えごう》の尊卑によらず」という言い方は、「業」の存在を無化しないまでも、あたかもそれを「気にしなくともよい」と解釈すらできるほどである。

ちなみに、この「未曾有経《みぞう》」に基づく「野干」の説話は、一二巻『眼蔵』「帰依仏法僧宝」の巻の最後部分に、再度、登場をする。ただし一二巻のそれでは、「宿善」（前世の良い行い）が条件として付与されているように記述をされている。これは道元が、七五巻『眼蔵』の記事を、一二巻『眼蔵』の記述で、まさに「書き改めている」事例ともみなされよう。「帰依仏法僧宝」の巻でのくだりでは、次のように記述されている（傍点、引用者）。

> これを天帝拝畜《ちく》為《ゐ》師の因縁と称す。あきらかにしりぬ、仏名・法名・僧名のきゝがたきこと、天帝の野干を師とせし、その証なるべし。いまわれら宿善のたすくるによりて、如来の遺《ゆい》法にあふたてまつり、昼夜に三宝の宝号をきゝたてまつること、時とともにして不退なり。
> これすなはち法要なるべし。

一二巻『眼蔵』における「業」の用例

さて、右のような七五巻『眼蔵』における「業」の説示に対して、左は、一二巻『眼蔵』の各巻の「業」の検索事例である（傍点、引用者）。

(1) おほよそ無常たちまちにいたるときは、国王・大臣・親昵《しんじつ》・従僕・妻子・珍宝たすくるなし、たゞひとり黄泉《こうせん》におもむくのみなり。おのれにしたがひゆくは、たゞこれ善悪業等《ごっとう》のみなり。（「出家功徳」）

(2) かくのごとくして、わがこゝろにあらず、業にひかれて流転生死すること、一刹那《せつな》もとゞまらざるなり。（「発《ほっ》菩提心」）

(3) いまのよに、因果をしらず、業報《ごっぽう》をあきらめず、三世をしらず、善悪をわきまへざる邪見のともがらには群すべからず。（「三時業《さんじごう》」）

右では「おのれにしたがひゆくは、たゞこれ善悪業等のみなり」（「出家功徳」）、「業にひかれて流《る》転《てん》生死《しょうじ》すること、一刹那もとゞまらざるなり」（「発菩提心」）、「いまのよに、因果をしらず、業報《ごっぽう》をあきらめず、三世をしらず、善悪をわきまへざる邪見のともがらには群すべからず」（「三時業」）と、あたかも「業」が「実在」（実体をともなうもの）であるかのごとく記述をされている。

また時間も、ここでは「輪廻《りんね》」を前提として、前述した七五巻『眼蔵』「有時」の巻の「経《きょう》歴《りゃく》」の箇所で見た、「いはゆる、今日より明日へ経歴し、今日より昨日へ経歴す、昨日より今日へ経歴す云々」という言表にみられる、「あい渡る」というような「存在」と「時間」のそれではなく、「過去世・現在世・未来世」を非情に貫く、いわば非可逆的時間に支配されているかのように言表をされている。

右は「業」という用語について、やや典型的な箇所の引用ではあるが、しかし、この両者の相違は、いなめなく存在していると見なされるものであろう。

「三時業」の巻の構成と「旃陀羅《せんだら》」行《ぎょう》

一二巻『眼蔵』における、こうした道元の見方の極めつけ、もしくは一二巻『眼蔵』の性格を、ある意味において、最も露わにしているともいえる巻は、「三時業」の巻であろう。「三時業」の巻は、「輪廻」という用語を全く使用してはいないが、「輪廻」を前提として構成が組み立てられていると見なされよう。「三時業」の巻における構成の次第は、おおむね次の通りである。

(1) 第十九祖鳩摩羅多《くまらた》尊者と闍夜多《じゃやた》尊者との「旃陀羅《せんだら》」行《ぎょう》に関する問答。

三時業のテーマ（「順現法受」業、「順次生受」業、「順後次受」業）の提示。

(2) 「順現法受」（現世で受ける）における業報の事例。

a 「悪をつくりて、此生《し》にうけたる例」。助けられた羆《ひぐま》を猟師とともに食した樵《きこり》が「業報」（「果」）として「双の臂《ひじ》」が落ちた事例。

b 「善をつくりて、善法をえたる例」。黄門（宦官《かんがん》）が去勢される牛を救い、その「善果」として「普通の男子」となった事例。

(3) 「順次生受」（次の生で受ける）における業報の事例。

「五無間業《むげんごう》をつくれる（となる）」事例。

(4)「順後次受」（次の次の生で受ける）における業報の事例。

a「修善の行者」の事例。臨終時に地獄が見えた行者がこれを甘受すると天界に再生した話。

b「作《さ》悪の行者」の事例。臨終時に極楽が見えた行者が反省をせずに喜んでいたら地獄に落ちた事例。

(5) 皓月《こうげつ》供奉《ぐぶ》と長沙《ちょうしゃ》和尚との「業障《ごっしょう》本来空《くう》」に関する問答。

「業障《ごっしょう》」は「空《くう》」にすぎないとする長沙の答えは間違い。「業障」は「空」ではない。

(6) まとめ

右は一二巻『眼蔵』「三時業」の巻の構成であるが、ここで取り上げようとする箇所は、(1)の、鳩摩羅多《くまらた》尊者と闍夜多《じゃやた》尊者との「旃陀羅《せんだら》」行に関する問答と、(3)の「順次生受」業の「五無間業をつくれる（となる）」事例、の二箇所であるが、後者の問題は次節で詳説をするので、ここでは(1)の事柄の検討を試みよう。

「三時業」の巻の構成のうち、なぜ(1)と(3)を問題とするのかと言えば、それは、この二箇所の記述は、それぞれ動物の「殺生」や人間の「殺生」、あるいは「暴力」（「五無間業」）という、生々しい事柄が、「悪業」や「堕地獄」という結実を招く、という、極めて実体的な議論を展開していいるからである。

むろん(2)の「樵《きこり》」の記事も、その「悪行」の「果」によって「両腕」(「双の臂《ひじ》」)が落ち「障がい者」(person with disabilities. disabilities：人のやることや実行することを困難にする病気、怪我、または状態)となる、という問題点も存在するが、ここではとりあえず「鳩摩羅多尊者」の「旃陀羅」行を問題点としてみることとする。

道元が「鳩摩羅多尊者」(仏滅後八〇〇年末に生まれ、付法蔵第一九祖とされる北インドの僧)と「闍夜多尊者」(中インドの鳩摩羅多のあとを継いで第二〇祖となった僧)との問答における「旃陀羅」行に直接言及している箇所は、一二巻『眼蔵』では「三時業」の巻の冒頭(話頭)に出てくる一箇所である。これ以外には、永平寺第四世義演編『永平広録』第七〔五一七〕(建長三〔一二五一〕年から同四年)の「上堂」(法堂《はっとう》での説法)に、一二巻『眼蔵』「三時業」の巻の原型として、ほぼ同じ言い回しで現出をする。

「旃陀羅」行の説話が直接には出てこない、「鳩摩羅多尊者」と「闍夜多尊者」との問答のみの出現箇所は、「深信因果」の巻に一箇所、もう一箇所は「三時業」の巻の「順後次受業」(次の次の生に受ける業)の例話として出てくる。

すなわち道元が「鳩摩羅多尊者」と「闍夜多尊者」との問答で直接に「旃陀羅」行を問題としている箇所は、一二巻『眼蔵』「三時業」の巻および『永平広録』とで都合、二箇所。「旃陀羅」行を直接出していない箇所が一二巻『眼蔵』の「深信因果」の巻および「三時業」の巻で二箇所ということになる。

まず直接に「旃陀羅」行を問題としていない一二巻『眼蔵』「深信因果」の巻のそれは、次の如くである。《 》内は原漢文。ここでは読み下し文としている（傍点、引用者）。

第十九祖鳩摩羅多尊者曰《いはく》、「《且《しばら》く善悪の報に三時有り。凡《おほよ》そ人ただ仁は夭《よう》に暴は寿《いのちなが》く、逆は吉《よ》く義は凶なりとのみ見て、便《すなは》ち因果を亡じ、罪福虚しと謂《おも》へり。殊に知らず、影響相《あひ》随ひて毫釐《ごうり》も忒《たが》ふこと靡《な》きを。縦《たと》ひ百千劫《こう》万劫を経《ふ》とも、また磨滅せず》」。あきらかにしりぬ、曩祖《だうそ》いまだ因果を撥無《はつむ》せずと云《いふ》ことを。いまの晩進、いまだ祖宗の慈誨をあきらめざる稽古のをろそかなるなり。

右の一二巻『眼蔵』「深信因果」の巻における「鳩摩羅多尊者」の説話の引用は、「因果」の必然性を説く文脈（「あきらかにしりぬ、曩祖《だうそ》いまだ因果を撥無《はつむ》せずと云ことを」）で登場し、「三時業」の巻でのそれのように、「旃陀羅」行ということには直接触れてはいない。ここで「曩祖《どうそ》」（仏祖）というのは鳩摩羅多尊者のこと。

一方、同じく「旃陀羅」行を問題としていない「三時業」の巻の「順後次受業」（次の次の生に受ける業報）の例話として出てくる道元の評釈は、次のとおりである（傍点、引用者）。

いはく、人ありて、この生にあるひは善にもあれ、あるひは悪にもあれ、造作《ぞうさ》しをはれりといへども、あるひは第三生、あるひは第四生、乃至百千生のあひだにも、善悪の業を感ずるを、順後次受業となづく。

菩薩の三祇劫《さんぎこう》の功徳、おほく順後次受業なり。かくのごとくの道理しらざるがごときは、行者おほく疑心をいだく。いまの闍夜多尊者の在家のときのごとし。もしは鳩摩羅多尊者にあはずは、その疑ひとけがたからん。行者もし思惟《しゆい》それ善なれば、悪すなはち滅す。それ悪思惟すれば、善すみやかに滅するなり。

他方、一二巻『眼蔵』「三時業」の巻の話頭では、それが「業報」と結びつけられ、具体的に「旃陀羅」行が問題とされ、「鳩摩羅多尊者」と「闍夜多尊者」との問答が交わされる。その「三時業」の巻における「旃陀羅」行が登場する話頭は、左の如くである（《　》内は原漢文。ここでは読み下し文としている。傍点、引用者）。

《第十九祖鳩摩羅多《くもらた》尊者、中天竺国に至るに、大士有り、闍夜多《じややた》と名づく。問うて曰く、「我が家の父母、素《もとより》三宝を信ず。而《しか》も昔《むかし》より疾瘵《やまふ》に縈《まつ》はれ、凡《およ》そ営む所の事、皆不如意なり。而も我が鄰家、久しく旃陀羅の行を為して、而も身は常に勇健《ゆこん》なり、所作和合す。彼れ何の幸かある、而も我れ何の辜《つみ》かある」》。

《尊者曰く、「何ぞ疑ふに足らんや、且《しばら》く善悪の報に三時有り。凡人はただ仁なるものは夭《よう》なり、暴なるものは寿《いのちながし》、逆は吉なり義は凶なりと見るに、便ち因果を亡じ、罪福を虚《むな》しと謂《おも》へり。殊に知らず、影響の相随ふこと、毫釐《ごうり》も忒《たが》ふこと靡《な》し。縦《たと》ひ百千万劫《まんごう》を経《ふ》とも、亦《また》磨滅せざることを」》。

《時に闍夜多、是の語を聞き已《をは》りて、頓に所疑《しょげ》を釈せり》。

鳩摩羅多尊者は、如来より第十九代の附法なり。如来まのあたり名字を記しまします。たゞ釈尊一仏の法をあきらめ正伝せるのみにあらず、かねて三世の諸仏の法をも暁了《ぎょうりょう》せり。闍夜多尊者、いまの問をまうけしよりのち、鳩摩羅多尊者にしたがひて如来の正法を修習し、つひに第二十代の祖師となれり。これもまた、世尊はるかに第二十祖は闍夜多なるべしと記しましませり。

しかあればすなはち、仏法の批判、もつともかくのごとくの祖師の所判のごとく習学すべきなり。いまのよに、因果をしらず、業報をあきらめず、三世をしらず、善悪をわきまへざる邪見のともがらには群すべからず。

〔現代語訳〕

第十九祖鳩摩羅多尊者がインドのある国に至った際、闍夜多尊者と出会い、問いを受けた。闍夜多尊者曰く、「我が家の父母はもとより仏教の三宝を敬って来ましたが、生来病がちであり、することなすことがうまくいきません。しかし我が家の隣家は旃陀羅の行いを久しく為しているのに健康を保ち、やること為すこと皆うまくいっています。隣家はなぜ幸運に恵まれ、我が家は何かの罪があるのでしょうか」という問いであった。

鳩摩羅多尊者が答えて言った。「なぜ疑うのか。知るがよい。善業・悪業の報には三時があるのだ。とかく凡人は義人が早く死に、横暴をした者が長寿をすると見なし、これでは正しい者が害を受け、悪を行う者が得をすると見なすが、これは因果ということを信ぜず、罪業が必ずあるということを信じていないからである。罪業の報は必ずあり、それは寸分もたがわなく訪れる。それはたとい百千万劫の時間が立とうとも決して滅止はしないのだ」。

闍夜多尊者はこの答えを聞き、即座にその意味をさとった。

鳩摩羅多尊者は釈迦牟尼仏より第十九祖の附法を受けたものである。釈迦牟尼仏より記別された祖師である。たんに釈迦牟尼仏の法を受け継いできたのみならず、三世にわたる仏々祖々たちの法をも明らかにしてきた仏祖である。

闍夜多尊者は、この問答ののち、鳩摩羅多尊者の指導を受けて釈迦牟尼仏の正法を修習し、ついに第二十祖となった。これもまた第二十祖闍夜多尊者として記別されていることがらである。

そのようであるので、仏法への疑問は、この鳩摩羅多尊者の祖師のごとくに学ぶべきなのである。実際にいま、因果ということや業ということの報いがあるということを明らかにせず、三世を知ろうともせず、善と悪（の業）をわきまえない邪見のやからには近づいてはな

らない。（拙訳）

「三時業」の巻の話頭では、闍夜多尊者が「旃陀羅」行をしている隣家をうらやむが、鳩摩羅多尊者の「因果」（業報）は必然である、という「教え」に得る所があって第二八代の祖師となった、という内容の説話となっている。

「三時業」の巻では右の話の結論として、「いまのよに、因果をしらず、業報《ごっぽう》をあきらめず、三世をしらず、善悪をわきまへざる邪見のともがらには群すべからず」と結ばれるが、これは道元が、「旃陀羅」行を悪行として、その行為の「果」はある、すなわち「因果」や「業報」は必然であるとして、それらをきわめて実体的なもの、として記述をしているものと見なされよう。

この一二巻『眼蔵』「三時業」の巻の話頭に先行する「旃陀羅」行の説話は、義演編『永平広録』第七〔五一七〕（建長三［一二五一］年から同四年）の「上堂」に、一二巻『眼蔵』「三時業」の巻の原型と思われるものとして、次のように出てくる（傍点、引用者）。

〔五一七〕上堂に、記得す。西天第二十祖、闍夜多大士、鳩摩羅多尊者に問う「我が家の父母、素《もと》より三宝を信ず。而《しか》るに嘗《かつ》て疾瘵《しっさい》に縈《まつわ》られ、凡《およ》そ営作《えいさ》する所、皆、如意ならず。而るに我が隣家、久しく旃陀羅の行を為す。而も、身、常に勇健《ゆうけん》にして所作和合す。彼、何の幸かある。而して、我、何の辜《つみ》かある」と。

尊者曰く「何ぞ疑うに足らんや。且《しばら》く善悪の報に三時有り。凡人は、但、仁あるものは夭《よう》あり、暴なるものは寿《いのち》ながし、逆は吉なり、義は凶ありと見て、便《すなわ》ち因果を亡じ、罪福虚しと謂《おも》えり。殊に、知らず、影響《ようごう》相い随って毫釐《ごうり》も忒《たが》うこと靡《な》し。縦《たと》え、百千万劫《ごう》を経《へ》るとも、亦、磨滅せず」と。

時に、闍夜多、是の語を聞き已《おわ》って、頓に所疑《しょげ》を釈《と》けしむ。（以下、略）

「旃陀羅《せんだら》」とは何か

「三時業」の巻および『永平広録』第七〔五一七〕の、話頭に登場する「旃陀羅」というのは、インドにおいてアウトカーストと見なされて「と蓄」などを始めとする、様々な生業に従事してきた人々の呼称である。

道元は「旃陀羅」行を問題としたが、「旃陀羅」の「行」を行う人は、すなわち「旃陀羅」である、ということになり、結局は職業差別、身分差別などに繋がる必然性を持つことになろう。実際、インドのみならず日本においても、この「旃陀羅」という語は被差別部落（民）と見なされた人々への差別イデオロギーとして機能してきたのである。

辞典等の記述においてもこうした点に配慮をしない差別（的）記述が数多く為されてきた。今日ではこの項目は改められているが、たとえば中村元氏編の東京書籍刊『仏教語大辞典』（一九七九年）では「旃陀羅」という語は、かつては次のように説明をされていた。

旃陀羅（せんだら）　梵語チャンダーラ（caṇḍāla）の音写。厳熾《ごんし》・暴悪・屠者《としゃ》・殺者《せっしゃ》などと漢訳する。インドにおける四姓外の賤民。狩猟・屠《と》殺・刑戮《けいりく》などを業《なりわい》とする。もっとも賤しく、カースト外の者と見なされた。彼らは蔑視・嫌悪され、人間とは見なされず、犬や豚と同類と見なされた。

もし、『仏教語大辞典』の「旃陀羅」の解説を、「三時業」の巻、冒頭の解釈に、そのまま当てはめたならば、どういうことになるのであろうか。この項目の典拠には多くの仏典、『法華経』や『観無量寿経』、『伝光録』などが挙げられている。一九九五年の中村元氏編の書では、この項目は次のように記述されている。

旃陀羅（せんだら）　サンスクリット原語caṇḍālaに相当する音写。インドの社会で最下層に属する身分をいう。上位の階層から触れるべからざるものとして差別され、不可触民と称された。古代の『マヌ法典』によれば、首陀羅（しゅだら）出身の父と婆羅門（ばらもん）出身の母との間に生れた混血種をいい、四姓の外に落された。

仏教は階級の平等ないし打破を主張し、近代になって、差別された民衆は仏教に依って解放運動をおこした。インドの独立と人種差別の撤廃のために非暴力の抵抗運動をおこしたガンジーは、彼らをharijan（神の子）と呼んだ。日本では日蓮が自らを「海辺の旃陀羅が子なり」（佐渡御勘気鈔）と宣言し、当時の差別思想に抵抗を示した。（中村元ほか編『岩波仏教辞典』電子ブック版、一九九五年）

日本においては実際のところ、一九八〇年代前半に、道元を開祖とする曹洞宗教団を含む日本のほとんどの仏教教団で、被差別部落民と見なされた人々の墓石に、いわゆる「差別戒名（法名）」が付与されてきたことが発見されたが、それらには「〇〇旃陀羅男」・「〇〇旃陀羅女」などの「差別戒名（法名）」が刻印されていたのである。

これらの「差別戒名（法名）」には様々な種類のものがあり、また、その手引き書にも様々な手引き書があったことが知られている。その一種に唐の書、呉兢編の『貞観政要《じょうがんせいよう》』を模した偽書、『貞観政要格式目《きゃくしきもく》』があるが、これは既に室町時代後期には成立を見ていた。ここには左のような記述が見えている（傍点、引用者）。

今ゑったとも、ゑたとも喚ぶは、ゑとりのあやまりなりと。壒囊鈔《あいのうしょう》（室町時代中期に編纂された全一七巻の辞典＝引用者注）によるに古き物に餌取《えとり》と書、是は肉を取て鷹等の餌に売る者故に名付るなり。それを訛《け》略して、ゑたといひならはせるとなり。唐には屠者といひ、天竺には旃陀羅と云と見たり。貞観格式に、位牌には上に連寂《れんじゃく》とかき、其《その》下に白馬開墳《かいふん》―

此《ここ》に法名―革門《かくもん》として、下に卜𤇆《ぼくれい》とかくべしと―按ずるに𤇆は霊の字の略なるべしと―。

（以下、略）

被差別身分とされてきた鷹などの餌を売る者は「ゑた」（今日の人権的視点からは呼ぶべきではない差別呼称＝筆者注）ないし「ゑとり」であり、彼（女）らは「唐には屠者《としゃ》といひ、天竺《てんじく》（インド）では旃陀羅と云（ふ）」者であり、彼（女）らには「差別戒名（法名）」を付与すべきである、とした手引き書は、その後も典拠となり、実際にこの通りの「差別戒名（法名）」も見いだされている。またこの「差別戒名（法名）」は、現代の、一九四〇年代前半にまで付与をされていた事例も存在することが仏教教団の調査で明らかとなっている。

これらの事実から、一面では仏教経典、仏教語などが、漢訳を通してカースト的序列を認め、身分、職業などの差別を助長してきた点は、現に存在する部落差別において、墓石に刻印されてきた差別戒名（法名）、仏教を敷衍するための辞典、解説書・説教などを含めて、事実であったと見なされるものである。

仏典や経典、教典は、現在において「現前化」することに意味の一つが存在するということは言を俟たないであろうが、このことには、今日における人権への配慮も強く求められていることも、また事実なのである。

道元とカースト

道元自体は「種姓」すなわち「出自」などの階層・階級を否定しているように見える点もあるが、時代の制約（？）もあり、今日の視点からすれば、それは不徹底であったことはいなめない。たとえば一二巻『眼蔵』「出家功徳」の巻では、次のように述べている（傍点、引用者）。

> 出家をすゝむる果報、琰魔《えんま》王にもすぐれ、輪王にもすぐれ、帝釈《たいしゃく》にもすぐれたり。たとひ毘舎・首陀羅なれども、出家すれば刹利《せつり》にもすぐるべし。なを琰魔王にもすぐれ、輪王にもすぐれ、帝釈にもすぐる。在家戒かくのごとくならず、ゆゑに出家すべし。

右に「毘舎《びしゃ》・首陀羅《しゅだら》なれども」とあるが、「毘舎」とはインドのカースト・ヴァルナ（「色」）制における「ヴァイシャ」（農牧商人階級）の漢訳、「首陀羅」とは「シュードラ」（バラモン・クシャトリア・ヴァイシャに仕える隷属民とされてきた階級）の漢訳、「刹利《せつり》」とは「クシャトリア」（王侯・武士階級）の漢訳である。

カーストとはポルトガル語で「家柄」や「血統」を意味するカスタ（casta）に由来する語であるが、インドではカースト集団は出自・「生まれ（を同じくする者の集団）」を意味するジャーティ（jāti）と見なされている。一方、日本では、このジャーティを、ヴァルナによる四姓制度（バラモン・クシャトリア・ヴァイシャ・シュードラ）と理解し、その下のアウトカーストと見なされた人々を「四姓制度」以外の、今日では妥当ではない訳語と思われる「不可触賤民」（または「不可触民」）などとも訳してきた。

道元は、出家をすれば「種姓」（出自）を問われない（あるいは出家は種姓を問わない）、と述べたが、「出家功徳」の巻の終わり近くの文章で、次のようにも述べている（傍点、引用者）。

> これによりて、出家する人間、最上最尊の慶幸なり。このゆゑに、西天竺国にはすなはち難陀・阿難・調達《でうだつ》・阿那律・摩訶男・抜提《ばだい》、ともにこれ師子頬王のむまご、刹利種姓のもとも尊貴なるなり、はやく出家せり。後代の勝躅《しょうちょく》なるべし。（「出家功徳」）

「刹利《せつり》種姓」とは右に述べた如く、インドのカースト制における王侯・武士階級にも比定されているものであり、その意味では道元が「ともにこれ師子頬《きょうおう》王のむまご、刹利種姓のもとも尊貴なるなり」と表現をしていることは、「もとも尊貴」などという表現を見る限り、出家するものの「種姓」（出自）を逆に意識をしていた、といえるのではなかろうか。これらは、七五巻『眼蔵』では、見られなかった表現である。

右に、少数の事例ではあるが、七五巻『眼蔵』と、一二巻『眼蔵』による「業」の記述事例の一部の比較を見てみたが、このことの違いは、『永平広録』の記述をのぞき、七五巻『眼蔵』のそれと、一二巻『眼蔵』におけるそれとでは、若干という以上に、強調点における相違が見られる、といえるのではなかろうか。

「往昔《おうしゃく》」の用例

さて筆者は、一二巻『眼蔵』においては、先に「また時間と存在は、（あい渡るもの）としてのそれではなく、過去世・現在世・未来世を非情に貫く、いわば非可逆的時間に支配されているかのように言表をされている」と述べたが、このような点を検討するため、次に、これに関連する用語の検索をしてみよう。

まず先に、たびたび引用してきた、「仏祖の往昔は吾等なり、吾等が当来は仏祖ならん、仏祖を仰観すれば一仏祖なり」（「渓声山色」）という箇所に見える、「往昔《おうしゃく》」という言語を、検索にかけて見てみよう。

「往昔《おうしゃく》」という語は、たびたび引用してきた七五巻『眼蔵』の「渓声山色」の巻をのぞいては、祖録の漢文引用も含めて、一二箇所の出現箇所すべてが一二巻『眼蔵』である。それはたとえば一二巻『眼蔵』「供養諸仏」の巻では次のごとくである。原文は漢文。ここでは読み下し文にしている（傍点、引用者）。

《仏本行《ぶつほんぎょう》集経に言く》、《仏、目犍連《もくけんれん》に告げたまはく、我れ往昔を念《おも》ふに、無量無辺の諸の世尊の所に於て、諸の善根を種《う》ゑ、乃至阿耨多羅三藐三菩提《ないしあのくたらさんみゃくさんぼだい》を求めき》。

《目犍連、我れ往昔を念ふに、転輪聖王《じょうおう》の身と作《な》りて、三十億の仏に値《あ》ひたてまつりき。皆同じく一号にして、釈迦と号《なづ》けき。如来及び声聞《しょうもん》衆まで、尊重し承事し、恭敬《くぎょう》し供養して四事具足せしむ。所謂《いわゆる》衣服・飲食《おんじき》・臥具《がぐ》・湯《とう》薬なり。（以下、略）》（傍点、引用者）

〔現代語訳〕

『仏本行集経』にいわく、「仏は目犍連に告げて仰せられた。『私はその昔のことを思い出してみると、数限りもしれないもろもろの世尊のもとにあって、もろもろの善根を植えたり、あるいは無上最高の知恵を求めたりしてきたものである。目犍連よ、また私は、その昔のことを思い出してみると、転輪聖王の身となって、三十億の仏にあい奉ったが、それらは皆同じく釈迦と号し、如来および声聞たちがかしづき仕え、丁寧に供養し奉って、供養の品々に欠けることもなかった。それらの品々は、すなわち衣服・飲食・臥具・湯薬などであった。』」（増谷文雄訳）

右では、「往昔は吾等」ではなく、「我れ往昔を念《おも》ふに」となっており、「往昔を念《おも》ふ」ことの「功徳」ということが前提となっている。仏典の引用とはいえ、明らかに「渓声山色」の巻の文脈とは異なった用法で引用していよう。そもそも、この経典引用は一二巻『眼蔵』「供養諸仏」の冒頭に引き続く引用ではあるが、道元は、これを「肯定」するために引用をしている。「供養諸仏」の巻の冒頭では次のように述べられている。（《　》内は原漢文）。

仏言《いはく》、《若し過去世無くんば、応《まさ》に過去仏無かるべし。若《も》し過去仏無くんば、出家受具無けん》。

あきらかにしるべし、三世にかならず諸仏ましますなり。しばらく過去の諸仏におきて、そのはじめありといふことなかれ、そのはじめなしといふことなかれ。もし始終の有無を邪計せば、さらに仏法の習学にあらず。過去の諸仏を供養したてまつり、出家し随順したてまつるがごとき、かならず諸仏となるなり。

供仏の功徳によりて作仏するなり。いまだかつて一仏をも供養したてまつらざる衆生、なにゝよりてか作仏することあらん。無因作仏あるべからず。（傍点、引用者）

〔現代語訳〕

釈迦牟尼仏は仰せられた。「もし過去世がなかったならば、まさしく過去仏もないであろう。もし過去仏がなかったならば、また出家の受戒もないであろう。」

はっきりと知るがよい。三世には必ず諸仏がましますのである。かりそめにも、過去の諸仏には、その始めがあるはずなどと言ってはならない。また、その始めがないなどとも言ってはならない。もし仏の始終のありなしを勝手に思い計らうようなことがあったならば、それは決して仏法を学ぶというものではないのである。過去の諸仏を供養し奉り、出家してその諸仏に随順し奉りさえすれば、必ず仏となるのである。

諸仏を供養し奉った功徳によって仏となるのである。いまだかつて一仏をも供養したことのないようなものが、どうして仏となることができようか。因なくして仏となることはあり得ないのである。(増谷文雄訳)

右では釈迦牟尼仏の《若し過去世無くんば、応《まさ》に過去仏無かるべし。若《も》し過去仏無くんば、出家受具無けん》という言葉を引き、「過去世」を強調して「過去の諸仏を供養したてまつり、出家し随順したてまつるがごとき、かならず諸仏となるなり」と述べられ、このあとに仏本行集経の「目犍連に告げたまはく、我れ往昔を念ふに」という引用が為されるのである。

「往昔」という用語の使用が漢文引用を含めて、ほぼ一二巻『眼蔵』に限られる、というのは、道元がこの「往昔」という概念に対し、七五巻『眼蔵』とは異なって、別の見方を一二巻『眼蔵』でし始めた、ということが言えるとも見られよう。同様の語句であると見なされる「過去世」という語についても同様のことが言えるのではなかろうか。

「過去世」の用例

そこで、完全に、ということではないが、右の「往昔」と同じような意味あいを有すると思われる「過去世」という語を、七五巻『眼蔵』と一二巻『眼蔵』とで比較して見よう。この「過去世」という語は、八箇所に登場するが、登場する箇所は、すべて一二巻『眼蔵』中においてである。事例は「帰依仏法僧宝《そうぼう》」の巻のものである。

ほとけみづから諸竜を救済しましますに、余法なし、余術なし。たゞ三帰をさづけましま す。過去世に出家せしとき、かつて三帰をうけたりといへども、業報によりて餓《が》竜となれるとき、余法のこれをすくふべきなし。(傍点、引用者)

ここでは「過去世に出家」せし時に「三帰戒」を授かったが、その後の行いにより「業報《ごっぽう》」を受けて「餓竜」となった、と述べられている。しかも「業報」という用語が、「三時業」の巻のみではなく一二巻『眼蔵』の「帰依仏法僧宝」の巻で、すでに「普通の」言語(地の文)として使用されている点にも注意が必要とされることではあろう。

もう一例、「過去世」という語句について事例を見てみよう。事例は一二巻『眼蔵』「出家功徳」の巻の例である(傍点、引用者)。

かるがゆゑに偈《げ》にいはく、《若し過去世無からんには、応《まさ》に過去仏無かるべし。若し過去仏無からんには、出家受具無けん》。

この偈《げ》は、諸仏如来の偈なり、外道の過去世なしといふを破するなり。しかあればしるべし、出家受具は過去諸仏の法なり、われらさいはひに諸仏の妙法なる出家受戒するときにあひながら、むなしく出家受戒せざらん、何のさはりによるとしりがたし。

右では「過去世なし」というのは「外道」の見方であるときびしく否定される。ここでは「現在」（あるいは「未来」）の時間と存在は、「過去世」によって「規定される」という非可逆的な時間（と存在）が支配的な見方となっていよう。こうした見方は七五巻『眼蔵』では見られなかったものである。

七五巻『眼蔵』「出家」の巻と一二巻『眼蔵』「出家功徳」の巻との比較

そもそも、七五巻『眼蔵』の「出家」の巻と、一二巻『眼蔵』における「出家功徳」の巻とは、同じく「出家」と「出家受戒」ということをテーマとしながらも、前者ではこの二つが主要なテーマとなっているが、後者では、これに明らかに付加されていると思われる項目が幾つか見受けられるのである。

その付加されていると見なされる主要な項目とは、

(1) 過去世の強調

(2) 明白な「在家成仏の否定」であり、またその場合において「黒業」となることが宣せられていること。
(3) 一二巻『眼蔵』「深信因果」の巻に先立って（?）「深信因果」を強調。
(4) 出家受戒でなければ「断善根《こん》」（成仏できないもの）となる。

というような点である。一二巻『眼蔵』「出家功徳」の巻における、これらに対応する事例は、それぞれ、以下のごとくである（傍点、引用者）。

(1) しるべし、いま出家する善男子善女人、みな世尊の往昔の大願力にたすけられて、さはりなく出家受戒することをゑたり。如来すでに誓願して出家せしめまします、あきらかにしりぬ、最尊最上の大功徳なりといふことを。

(2) 盧居士《ろこじ》はすでに親を辞して祖となる、出家の功徳なり。龐《ほう》居士はたからをすてゝちりをすてず、至愚《しぐ》なりといふべし。盧公の道力と龐公が稽古と、比類にたらず。あきらかなるはかならず出家す、くらきは家にをはる、黒業の因縁なり。

(3)（鎮州臨済院義玄禅師の「夫《そ》れ出家は、須《すべか》らく平常真正の見解辨得《はんて》し」云々の引用文を受けて）いはゆる「平常真正見解」といふは、深信因果、深信三宝なり。「辨《べん》仏」といふは、ほとけの因中果上の功徳を念ずることあきらかなるなり。

(4) しるべし、如来世尊、あきらかに衆生の断善根となるべきをしらせたまふといへども、善因をさづくるとして出家をゆるさせたまふ、大慈大悲なり。断善根となること、善友にちかづかず、正法をきかず、善思惟せず、如法に行ぜざるによれり。

「往昔」・「過去世」ということについては先に見たとおりであるが、ここでは(1)「みな世尊の往昔の大願力にたすけられて、さはりなく出家受戒する」、(2)「あきらかなるはかならず出家す、くらきは家にをはる、黒業の因縁なり」と言及されている。(2)の文中、「盧《ろ》居《こ》士《じ》」とは六祖慧能《えのう》の居士《こじ》の時の名。「龐《ほう》居士」とは禅を修しながら出家しなかった唐代の居士の名である。(3)は、「いはゆる『平常真正見解』(ごく平常の正しい見方・考え方)といふは、深信因果、深信三宝なり」と述べられ、(4)では「如来世尊、あきらかに衆生の断善根となるべきをしらせたまふといへども」、「断善根となること、善友にちかづかず、正法をきかず、善思惟せず、如法に行ぜざるによれり」、などという言表となっている。ここで「断善根」というのは、善根は善因の意で、果報をもたらすゆえに根という。人天の福報となり、また成仏得道の因となる、この善の功徳を失うことをいう(『禅学大辞典』)。

「黒業」

事例(2)の「黒業」という語については、道元自身の「地の文」では二箇所に登場をする。七五巻『眼蔵』では「行時・下」の巻、一二巻『眼蔵』では「出家功徳」の巻である。七五巻『眼蔵』「行時・下」の巻に見える「黒業」の事例を再録してみよう。それは次のようであった（傍点、引用者）。

また真旦国《しんたんこく》にも祖師西来よりのち、経論に倚解《いげ》して、正法をとぶらはざる僧侶おほし。これ経論を披閲《ひえつ》すといゑども、経論の意趣にくらし。これ黒業は今日の業力のみにあらず、宿生《しゅくしょう》の悪業力なり。

「行時・下」の巻の「黒業」は、「真旦国」（中国）の、「経論に倚解《いげ》（拠り所として）して、正法をとぶらはざる僧侶」に対して「黒業」である、として使用されており、一二巻『眼蔵』「出家功徳」の巻におけるそれのように、出家をしなかった「衆生」（在俗）に対して「黒業」と言われているわけではない。

他方、一二巻『眼蔵』「三時業」の巻に出てくる「黒業」は、漢文引用の「異熟果《いじゅくか》」の事例と共に出てくるものである。「異熟果」とは、それ自体は無記すなわち善でも悪でもない「果」ではあるが、殺生をしたり盗んだりする一〇種の悪業によって、来世（以降）に地獄・餓鬼・畜生に生まれることがあるとされる「果」である。

左は一二巻『眼蔵』「三時業」の巻の、最後部分（結論部分）に出てくる漢文引用での「黒業」

および「異熟果」の言表である。ただしここでの引用は、漢文引用と言ってもそれは道元がしばしば取っている方法でもあるが、漢文引用のあと、道元がそれに対して評釈を加えるというスタイルとは異なって、道元の「地の文」に匹敵するもの、としてのそれである。

《世尊言《のたま》はく、「仮令《たとひ》百劫を経《ふ》とも、所作の業は亡ぜじ。因縁会遇《ゑぐう》せん時、果報還つて自ら受く」。》

《「汝等当《なんだちまさ》に知るべし、若し純黒業すれば純黒の異熟を得ん、若し純白《びやく》業すれば純白の異熟を得ん、若し黒白業すれば雑《ざふ》の異熟を得ん。是の故に、汝等、応に純黒及び黒白の雑業《ざふごう》を離るべし、当に純白の業を勤修学すべし」。》

《時に諸《もろもろ》の大衆、仏説を聞き已《をは》りて、歓《くわん》喜《ぎ》信受しき。》

〔現代語訳〕

釈迦牟尼仏は偈をもって仰せられた。「たとい百劫を経るとも作《な》すところの業は忘じない。たまたま因縁に遇うその時には、その報いは自ずから受けるのだ」。

「汝らは知るがよい。純然たる悪業には純然たる悪報があり、純然たる善業には純然たる善の報いがある。またもし善悪分かちがたい雑業には、善悪分かちがたい果報がある。この故に汝らは、純然たる悪業および善悪が分かちがたい雑業を離れ、まさに善き行いのみをするべきなのである」。
「その時、諸々の大衆は釈尊の説くところを聞いて、歓喜をし信受した」。(拙訳)

「異熟」および「異熟果」という用語は『眼蔵』中、この箇所にしか登場をしない。しかしそれは「業」の、または「業」の「果」の、不滅性を強調する文脈で語られるものとなっている。

「断善根」

(3)の「深信因果」については次に見る「因果」の考察の際に見ることとして、(4)の「断善根」という語は、「出家功徳」の巻の事例のほかに、いずれも一二巻『眼蔵』にのみ、次のようにでてくる(傍点は引用者)。

(1) おのづから悪友にひかれ、魔障にあうて、しばらく断善根となり、一闡提となれども、ついには続善根し、その功徳増長するなり。帰依三宝の功徳、つひに不朽なり。(「帰依仏法僧宝」)

(2) 仏法参学には、第一因果をあきらむるなり。因果を撥無《はつむ》するがごときは、おそらくは猛利《みようり》の邪見をおこして、断善根とならんことを。(「深信因果」)

右の一二巻『眼蔵』で「帰依仏法僧宝」・「深信因果」の巻の二事例は、これに先立つ先の(4)の

「出家功徳」の巻の事例、「如来世尊、あきらかに衆生の断善根となるべきをしらせたまふといへども、善因をさづくるとして出家をゆるさせたまふ、大慈大悲なり。断善根となること、善友にちかづかず、正法をきかず、善思惟せず、如法に行ぜざるによれり」の文脈と、文章から見る限り、同一の文脈で言及されていると見なされる。

これはすなわち「衆生」（在俗）は、出家をしなければ、そのままでは「断善根」（成仏できないもの）となる、といっている文脈である。道元はいったい誰に向けてこの、七五巻『眼蔵』にはなかった、強烈な、といってよい文章をものしたのであろうか。道元の脳裏には、この対象となる「人物（群）」（鎌倉下向の際に説示をした武士たち？）が存在していたのであろうか。

さて、右に、七五巻『眼蔵』「出家」の巻と一二巻『眼蔵』「出家功徳」の巻との、わずかな比較を試みてきたが、これだけでも両者のあいだには相当な相違がある、ということがうかがわれるのである。

一二巻『眼蔵』に現出する特徴的な用語

次に、ここで先に検討をした、「往昔」・「過去世」、「黒業」、七五巻『眼蔵』「出家」の巻と一二巻『眼蔵』「出家功徳」の巻との比較、「断善根」、に加えて、さらに、

(1)「涅槃《ねはん》経」

(2)「一闡提《せんだい》」
(3)「因果」

という用語をめぐって、若干の比較検討を試みてみよう。ここで、これらの用語を検討の俎上にのせる理由は、先に見た「往昔」・「過去世」や「黒業」・「断善根」などといった用語と同じく、それが一二巻『眼蔵』に至って、多く現出する、一二巻『眼蔵』に特徴的な用語であると見なされるからである。

「涅槃経」

まず(1)の「涅槃経」。

『涅槃経』というのは如来蔵系の経典とされるが、上座部(「小乗仏教」)に属するそれと大乗仏教系に属するそれがあるという。『眼蔵』におけるこの語の出現箇所は、一部をのぞき、ほとんどは大乗系のもので、直接的に「涅槃経」という語で検索をし、出てくるのは「大般《だいはつ》涅槃経」の語も含めて、五箇所である。

これは七五巻『眼蔵』では「王索仙陀婆《せんだば》」の巻に「仙陀婆」をめぐって出てくる一箇所のみであり、漢文引用文中に登場をする。大般涅槃経とは、釈迦牟尼仏の最後の旅からはじまって、入滅に至る経過、荼毘《だび》(火葬)と起塔などについて叙述をしている経典であるが、あとの四箇所も

『涅槃経』からの引用である。一二巻『眼蔵』では「供養諸仏」、「深信因果《じんしんいんが》」、「四馬《しめ》」などの各巻での漢文引用である。

ただし「経典の引用」を検討するといった場合、単純な用語検索をするのみでは、その一部の検討のみにとどまることになる。というのは、当該経典の中から必要な「語句」のみを取り出し、検討をする場合が少なくないからである。たとえば先に見た、七五巻『眼蔵』「仏性」の巻における「一切衆生　悉有仏性」という用語は、『涅槃経』「獅子吼《ししく》菩薩品」からの引用ではあるが、道元はこれが『涅槃経』からの引用である、と特に断ってはいない。

同様の事例は、一二巻『眼蔵』「発菩提心《ほつぼだいしん》」の巻における「自未得度先度他《じみとくどせんどた》」の語が使用されている箇所にも窺える。これは『涅槃経』「迦葉《かしょう》菩薩品」三八巻の偈《げ》の中の句であり、これを道元は「おのれいまだわたらざるさきに、一切衆生をわたさんと発願しいとなむなり」（おのれが菩提を得る前に、一切の衆生の菩提を得ることを願う菩薩の行為をすること）と説明をしている。

労作である鏡島元隆氏著『道元禅師と引用経典・語録の研究』（木耳社、一九六五年）には、『涅槃経』からの出典は、七五巻『眼蔵』では「諸悪莫作《まくさ》」、「仏性」、「王索仙陀婆」の各巻の三箇所に見え、あとは一二巻『眼蔵』の「四馬《しめ》」、「発菩提心」、「出家功徳」、「供養諸仏」、「帰依仏法僧宝」の各巻で、都合七箇所に出てくる、と記されている（鏡島、同書、二二〇頁）。

ここでは如上の点を踏まえて、直接、『涅槃経』と明記されている事例のみを見てみよう。出現中、唯一、道元の地の文で登場をする一二巻『眼蔵』「深信因果」の巻における事例は、次の一箇所である（傍点、引用者）。

永嘉《ようか》真覚大師玄覚和尚は、曹谿《そうけい》の上足なり。もとはこれ天台の法華宗を習学せり。左谿玄朗大師と同室なり。涅槃経を披閲せるところに、金光その室にみつ。深く無生のさとりをえたり。すゝみて曹谿に詣し、証をもて六祖にまうす。六祖つひに印可す。

〔現代語訳〕

永嘉《ようか》真覚大師玄覚和尚は六祖慧能の高弟である。はじめ天台の法華宗を学び天台宗の第八祖、左谿玄朗大師と同門であった。ある時、涅槃経を披見していると黄金の光がその部屋を満たした。それで涅槃は、生滅に関わらないという深い悟りを得た。のち、すすんで六祖慧能の門をたたき、その悟るところを述べた。六祖慧能は、これを認め（弟子とし）た。（拙訳）

右では永嘉真覚大師を引き合いに出し、「涅槃経を披閲《ひえつ》せる」功徳をたたえるものとなっている。鏡島氏の前掲書によれば、『法華経』からの道元の引用は、ほとんどが七五巻『眼蔵』である（鏡島同書、二一七～九頁）。しかし道元は、一二巻『眼蔵』に至って『法華経』の引用を後景にしりぞかせ、相対的にではあるが『涅槃経』を一二巻『眼蔵』で強調し始めていると見なされるのではなかろうか。

道元の地の文以外で、漢文引用の『涅槃経』からのものは、「王索仙陀婆《おうさくせんだば》」の巻に出てくるものである。この巻に出てくる漢文引用の『大般涅槃経』の説話は、七五巻『眼蔵』に属するもので、寛元三（一二四五）年、大仏寺示衆のものである。この二年後の宝治元年・寛元五（一二四七）年には道元が「鎌倉下向」をしている。

内容は、大王を釈迦と見立て、「仙陀婆」を王の行為に必要な四種の事物と見立てて、釈迦と「同参」するには、すなわち「仏」となるにはどういうことが必要か、参究せよ、という文脈で述べられている。この巻の終わりの部分には、「即心是仏とはたれといふぞと、審細に参究すべし」という道元の言表が見えている。

これとはやや違って、一二巻『眼蔵』のほうの「供養諸仏」の巻における『涅槃経』の説示は、これも漢文引用であるが、「大般涅槃経第二十二に云わく」と始まる「売身《まいしん》の菩薩」の説話である。ここでも、その漢文引用の最初は、《仏言はく、善男子、我れ過去無量無辺那由他劫《なゆたごう》を念《おも》ふに、爾《そ》の時に世界を娑婆《しゃば》と曰《い》へり。（以下、略）》と、「過去世」の「懺悔」から始まる説話となっている。

内容は、ある善男子（実は菩薩）が仏への供養をしようと試み、治療のため人肉を必要としている病気を抱えている男に我が身の肉を売る「売身《まいしん》」をし、その資金で釈迦牟尼仏の「偈《げ》」を得て、その功徳により病気の男も快癒。これをもって釈迦牟尼仏への供養、すなわち釈迦牟尼仏へ帰依することの必要性を説いたものである。

もう一つは、「涅槃経の四馬《しめ》」と名付けられる説話を紹介している、一二巻『眼蔵』「四馬《しめ》」の巻に出てくる『涅槃経』のものである。

これも漢文引用の説話であるが、内容は、馬の調教は、触毛・触皮・触肉・触骨の四種ですることが必要だが、釈迦牟尼仏のみがこの調教をよくなし得る存在であるという。実際には、この四種は、生・老・病・死にもたとえられるものであり、釈迦牟尼仏がこうした「為説《いせつ》」をなすのは、ひとえに「一切衆生をして阿耨多羅三藐三菩提《あのくたらさんみゃくさんぼだい》（一切の真理を知った最上の知恵）の法をえしめんがためなり」ということであるという。

ここでも「一切衆生」は、仏教・釈迦牟尼仏の教えに帰依すべきである、という文脈で説示が為されていると見なされる。しかしこれは、仏教の布教ということからすれば一見、普通のことのように思えるが、一二巻『眼蔵』では、「出家」をしないものは「断善根」、「黒業」となる、などの強力な見方で言及されている。この事は、ある意味では、一二巻『眼蔵』に至って、在家の存在を「出家」に強制するが如きに見なされ得る、道元の特異な強調が為されているもの、と見なすことも可能である。

「四馬」の巻の最後は、「これ《如来世尊、調伏衆生、必定不虚《ふこ》、是故《ぜのゆえに》号調御丈夫《でうごぢようぶ》》なり」という言葉で締めくくられている。ここでは「衆生」は、「調伏」（内には己の心身を制し修め、外からの敵や悪を教化して成道に至る障害を取り除くこと）の対象である、という道元の、右の意図が見える締めくくられかたである。

一二巻『眼蔵』における『涅槃経』の多用

しかしながら、なぜ道元は、如来蔵系の経典とされている『涅槃経』を、相対的にではあるが一二巻『眼蔵』で多用したのであろうか。前章の「現成公案」の巻の分析で見てきたように、道元は、「如来蔵思想」をしりぞけてきたのではなかったか。

一二巻『眼蔵』で道元が「涅槃経」を依用した点について、「道元禅における『涅槃経』の依用について」という論考をものした石川力山氏は、「これらの引用例（七五巻『眼蔵』における『涅槃経』の引用例＝筆者注）に見る限り、『涅槃経』独自の教学的な内容との関連は薄く、いわば『悉有仏性』『諸悪莫作《まくさ》』『時節因縁』などのよく知られた経典の文言に対する禅的逆説的な解釈に終始しており、道元独自の禅思想との本質的な関係は見いだせない」と指摘をしつつ、同論考の中で、次のように指摘をする。

これに対し、一闡提《せんだい》成仏説や断善根の善星《ぜんしょう》の出家を話題とする「迦葉《かしょう》菩薩品」や、一闡提の不定生や涅槃の常住、念仏・知足・慈悲等の積功累徳《しゃっくるいとく》を説く「高貴徳王菩薩品」などの引用例が多いことは、道元・親鸞・日蓮の三師に共通するが、道元の場合で言えば七五巻『眼蔵』中には皆無で、一二巻『眼蔵』に限られ、しかも『涅槃経』の基本的趣旨を外さない点は、七五巻本における『涅槃経』の受け止め方と基本的に異なる。
提婆達多《だいばだった》（出家功徳・三時業）や阿闍世《あじゃせ》の回心（三時業）、善星出家の因縁（出家功徳）、蓮華色《れんげしき》比丘尼の説話（出家功徳・袈裟功徳・三時業）など、親鸞の『教行信証』における引用例とも見事に重なっている。（石川、『印度學佛教學研究』第四一巻第一號、一九九二・一二、二四四頁、傍点、引用者）

右で「提婆達多」とは、もと釈迦牟尼仏の弟子であったが釈迦牟尼仏にそむき僧団を新たに作った人物。師を殺害しようとしたとも伝えられている。「阿闍世《あじゃせ》（王）」については後述を参照されたい。また「蓮華色比丘尼」とは釈迦牟尼仏が神通力で弟子としたとされる女性。説話には異説も多い。「善星《ぜんしょう》」というのは堕地獄となった仏弟子の名前。

石川氏は、「一闡提《せんだい》成仏説や断善根の善星《ぜんしょう》の出家を話題とする」ものは、「道元の場合で言えば七五巻『眼蔵』中には皆無で、十二巻『眼蔵』に限られ」ている、と指摘をしている。しかも道元の七五巻『眼蔵』における『涅槃経』の引用では、『涅槃経』が有する教学的思想を反映させず、逆に一二巻『眼蔵』での『涅槃経』の引用が「基本的趣旨を外さない点は、七五巻本（『眼蔵』）における『涅槃経』の受け止め方と基本的に異なる」として、道元の七五巻『眼蔵』と、一二巻『眼蔵』における『涅槃経』の扱いが異なる、ことを指摘している。

ただ、石川氏の右の論考では、それがなぜそうなのか、という点には触れてはいない。筆者の観点からすれば、それは次節で述べるように、やはり「鎌倉下向」と関係する点があったからではなかろうか、と見なしている。ただし、後述するように、道元が「鎌倉下向」の際に使用したと見なされる「大般涅槃経」十九巻「梵行品《ぼんぎょうほん》」は、直接の形では『眼蔵』中に現出をしない。

「一闡提《せんだい》」

さて、次に、(2)の「一闡提《せんだい》(icchantika)」。

この語は松本史朗氏が「如来蔵思想は仏教にあらず」(松本、『縁起と空』前掲書)という論考において、問題として取り上げられているものであるが、『眼蔵』中ではその現出箇所は三箇所である。七五巻『眼蔵』では「身心《しんじん》学道」、「仏向上事」の巻の二箇所、一二巻『眼蔵』では、「帰依仏法僧宝」一箇所に登場をする。以下は、この三箇所の事例である。《 》内は原漢文。ここでは読み下し文に改めている(傍点、引用者)。

(a) 仏道は、不道を擬するに不得《ふて》なり、不学を擬するに転遠なり。南岳大慧《だいえ》禅師のいはく、「修証はなきにあらず、染汚《ぜんな》することえじ」。仏道を学せざれば、すなはち外道・闡提等の道に堕在す。このゆゑに、前仏後仏かならず仏道を修行するなり。(「身心学道」)

(b)《東京《とんきん》浄因枯木禅師〈芙蓉《ふよう》に嗣《し》す、諱《いみな》は法成〉、示衆に云く、「仏祖向上の事有ることを知らば、方《まさ》に説話の分有り。諸禅徳、且《しゃ》道すべし、那箇か是れ仏祖向上の事なる。箇の人家の児《にい》子《す》有り、六根不具、七識《しちしき》不全、是れ大闡提、無仏種性なり。仏に逢《あ》ひては仏を殺し、祖に逢ひては祖を殺す。天堂も収むること得ず、地獄も摂《しょう》するに門無し。大衆、また此の人を識るや」。良久して曰く、「対面仙陀にあらず、睡多くして寐《み》語《ご》饒《ゆたか》なり」》。（「仏向上事」）

(c) すでに帰依したてまつるがごときは、生々世々、在々処々に増長し、かならず積功《しゃっく》累徳し、阿耨多羅三藐三菩提《あのくたらさんみゃくさんぼだい》を成就するなり。おのづから悪友にひかれ、魔障にあうて、しばらく断善根となり、一闡提となれども、ついには続善根し、その功徳増長するなり。帰依三宝の功徳、つひに不朽なり。（「帰依仏法僧宝」）

事例のうち、(a)と(b)の前二者、すなわち七五巻『眼蔵』「身心学道」、同「仏向上事」の巻では、それぞれ「仏道を学せざれば、すなはち外道・闡提等の道に堕在す」、および「《箇の人家の児子有り、六根不具、七識不全、是れ大闡提、無仏種性なり》」とある。これらは通常の「一闡提」理解、すなわち「一闡提」は「成仏から除かれる」（無仏種性）と道元が理解していると見なされる叙述であると思われるが、「一闡提」ということについて、取り立てて評釈はなされていない。

(b)の七五巻『眼蔵』「仏向上事」の巻の事例では、「仏向上事」というテーマに関し、中国・『普燈録』五に「那箇是仏祖向上事」（いったい仏祖を超えるとはどういうことか）とあることから、ここで道元が引用をしたと見なされるが、道元は、この引用のあと、「六根不具、七識《しちしき》不全」

ということのみについて評釈を加えている。

道元によれば、前者すなわち「六根不具」とは、「いはゆる六根不具といふは、《眼睛《がんぜい》人に木槵《もくけん》子《す》と換却《かんきゃ》せられ了《おは》りぬ、鼻孔人に竹筒と換却せられ了りぬ、髑髏《どくろ》人に借りて屎杓《ししゃく》と作《な》され了《をは》りぬ。作麼生《そもさん》ならんか是れ換却底の道理》（原漢文）。このゆゑに、六根不具なり、六根不具なるがゆへに鑪鞴《ろはい》裏を透過して金仏《こんぶつ》となれり、云々」と述べられている。ここでは大意、「ものが見えなくなり、鼻が竹になり髑髏《されこうべ》が尿を汲む柄杓《ひしゃく》になり、その故にこそ鞴《ふいご》を通って金仏等々になったのだ」などと述べられている。

同様に、「七識不全」ということについても、「『七識不全』といふは、破《は》木杓なり。『殺仏』すといへども『逢仏』す、逢仏せるゆゑに殺仏す。天堂にいらんと擬すれば、天堂すなはち崩壊す、地獄にむかへば、地獄たちまちに破裂す。云々」（大意：仏に逢ってもそれらを黙殺し、そうした輩《やから》が天上や地獄に行くなら天上や地獄も崩壊する。そういう事が「七識不全」ということなのだ）と述べ、これらを「しづかに参究功夫すべし、率爾《そつじ》にすることなかれ」と結んでいる。

「六根不具、七識不全」という言葉からは、今日では、いわゆるの「障がい者」ということが想定されるが、道元はここでは、それを脱構築をし、「仏法に対してのもの」として受け止めていると見なされる。この点は『眼蔵』のこうした用語などの読解に当たっては、とくに注意が必要であろう。ちなみに、「六根不具」および「七識不全」という用語が登場するのは、『眼蔵』中、この箇所のみである。

次に、一二巻『眼蔵』「帰依仏法僧宝」の巻の(c)では、前の二例とは異なって、「おのづから悪友にひかれ、魔障にあうて、しばらく断善根となり、一闡提となれども、ついには続善根し、その功徳増長するなり。帰依三宝の功徳、つひに不朽なり」という。

「一闡提」は通常、前記、松本氏が問題とした如く、「一切衆生悉有仏性……除一闡提」とされてきている。道元は、このことを知っていて、敢えて「帰依仏法僧宝」の巻のように言表をしたのであろうか。それとも後述するように、自身が説示を試みた『涅槃経』「梵行品」の「阿闍世《あじゃせ》王」と同じように見なされた、「鎌倉の誰か」（のみならず、すべての大衆に向けてではあるが）に向けての言表なのであろうか。

事例の七五巻『眼蔵』「身心学道」の巻では、「仏道を学せざれば、すなはち外道・闡提等の道に堕在す」と述べ、同じく七五巻『眼蔵』「仏向上事」の巻では漢文引用ながら《六根不具、七識不全、是れ大闡提、無仏種性なり》と引用をしているので、道元は当然、「一闡提」の意味するところは知っていた、と思われる。

しかし、この「身心学道」および「仏向上事」の巻は、七五巻『眼蔵』での事例である。一二巻『眼蔵』「帰依仏法僧宝」の巻に至って、突然に「おのづから悪友にひかれ、魔障にあうて、しばらく断善根となり、一闡提となれども、ついには続善根し、その功徳増長するなり。帰依三宝の功徳、つひに不朽なり」という言表がなされる。

「一闡提」に「仏性」はあるか

この「一闡提」について、仏教研究者の下田正弘氏は、その著『涅槃経の研究——大乗経典の研究方法試論』（春秋社、一九九七年）の中で、次のように述べている。

　涅槃経の教団・思想を明かすに当たって、最後にどうしても避けて通れない話題がある。それは涅槃経の中で「一闡提 icchantika」と呼ばれている存在についてである。一闡提とは涅槃経において菩提を獲得すべきあらゆる機会を剥奪《はくだつ》されている存在であり、一方で「一切衆生はことごとく仏性を備えている」ことを標榜する同経が、何故そうした存在を認めているのか、古来議論の的として、久しく語り続けられてきた。（下田、同書、三五六頁）

「一闡提」と呼ばれている存在は、「成仏」できないもの、として涅槃経には述べられているという。しかし例示の(c)、すなわち一二巻『眼蔵』「帰依仏法僧宝」の巻では、「一闡提となれども」という文脈で道元は述べている。これはしかし、道元がなぜこのように述べ得たのであろうか。「一闡提」という用語自体は、右の『眼蔵』に出てくる三箇所のほか、『永平広録』六、義演編の〔四一八〕、〔四三〇〕および〔四三七〕の上堂語として、都合、三箇所に登場する。左はその箇所の記述である（『永平広録』の引用は渡部賢宗・大谷哲夫監修『祖山本 永平廣録 校注集成』上・下巻、大本山永平寺・一穂社、一九八九年による。なお引用における文中で「卍本」とあるのは『卍山本《まんざんぼん》永平広録』のこと。卍山《まんざん》とは卍山道白のことで江戸初期の曹洞宗宗学者をいう。また原文および現代語訳中の傍点は引用者）。

(1)〔四一八〕 良久して云《いは》く、釈迦牟尼仏を参見す。若《も》し、是《これ》、釈迦牟尼仏を参見せば、還《また》、是、釈迦牟尼仏の弟子眷属なり。既に弟子眷属為《た》ることを得たり。或は凡、或は聖《しょう》、或は闡提、或は逆人、或は天、或は人、無量無辺、不可称《しょう》量（卍本「称量す可《べか》らず」）、不可思議なり。既に、這裏《しゃり》に到って如何が設化《せっけ》せん。一切衆生有仏性、世尊開示して凡聖を化す。哀れなるかな、今宵涅槃の後、一切衆生無仏性。這箇《しゃこ》は、是、凡聖《ぼんしょう》辺の事。向上、又、作麼生《そもさん》。

〔現代語訳〕

しばらくして言われた。釈迦牟尼仏に参見するのである。もし釈迦牟尼仏に参見すれば、かえって、釈迦牟尼仏の弟子眷属となり得るのである。すでに釈迦牟尼仏の弟子眷属であることができれば、凡であれ、聖であれ、闡提であれ、反逆人であれ、天であれ、人であれ、一切衆生すべてであって、その数は無量無辺で数え尽くすことができないし、思い測ることもできない。

ここにいたって、釈迦牟尼が何を教化されたか。一切の衆生はみな仏性があると、世尊は開示し凡聖を導かれたのである。

ところが、哀しいことに今夜涅槃に入られた後は、一切衆生は釈迦牟尼に参見できなくなったから仏性がなくなった。しかし、仏性があるとか、ないとかというのは凡聖の対立の上のことであって、対立を超えたその上の世界ではどうであろう（現代語訳は鏡島元隆訳註『原文対照現代語訳　道元禅師全集　第十一巻　永平広録2』春秋社、一九九九年による）。

(2)〔四三〇〕　又問う「何をか不二の法と名づくる」と。曰く「法師の講ずる涅槃経に仏性を明かす。是、不二の法なり。且《しばら》く、高貴徳王菩薩の如き、仏に白《まふ》して言《もうさ》く『世尊、四重禁を犯し、五逆罪を作る。及び、一闡提等、当《まさ》に善根仏性を断ずべしや否や』と。仏言く『高貴徳王菩薩、善根に二つ有り。一には、常《じょう》。二には、無常。仏性は常に非ず、無常に非ず、是の故に不断なり。之を不二と名づく。蘊《おん》と界と、凡夫は二つと見る。智者は其性《きしょう》無二と了達す。無二の性、即ち是、実性なり』と。故に知りぬ、仏性は乃《すなわ》ち不二の法なり」と。印宗聞き已《おわ》って起立合掌し、事《つか》えて師と為《な》さんことを願う。

〔現代語訳〕

（六祖慧能と問答をしている法師の）印宗はまた尋ねるに、「不二の教えとは何を言うのですか」。六祖が言うには、「法師《あなた》が講ずる『涅槃経』には仏性が不二の教えであることを明らかにしている。たとえば、高貴徳王品には、高貴徳王菩薩が仏に申し上げて言うには、『世尊よ、四つの重大な禁戒を犯したもの、五逆罪を犯したもの、および一闡提等は善根の仏性を断じたものと言うべきでしょうか』と。

仏が言われるには、『高貴徳王菩薩よ。善根に二つある。一は常であり、二は無常である。しかるに、仏性は常でもなく無常でもない。それゆえに常・無常を超えた仏性を断ずることはない。これを仏性は不二であると言うのである。また、人の行ないは善であるか、不善であるか、であるが、仏性は善でもなく、不善でもない。それゆえに、善悪を超えた仏性を断ずることはない。これを仏性は不二であると言うのである。

蘊（内界）と界（外界）とを通常人は二つのものと見るが、智者はその本性は無自性《むじしょう》であるゆえに別なものではないと覚るのである。この無二ということがものの真実の本性である。』〔『涅槃経』にはこのようにある。〕これによってみても、仏性は不二の教えであることがわかる」と。印宗は聞き終わると起ち上がり合掌し、師として仕えたいと願った。（鏡島訳）

(3)〔四三七〕然《しか》る所以《ゆえん》は、外道の坐禅は、邪見・著味《じゃくみ》・驕慢有る故なり。若《も》し、其《そ》れ、解会《げえ》外道に同ずれば、身心苦労すと雖《いえど》も、終《つい》に益無し。況《いわ》んや、逆人・闡提等に同ぜん。豈《あに》、仏法の身心有《あ》らんや。

世尊、一時、羅閲城耆闍崛山《らえつじょうぎじゃくつさん》中に在《ましま》して、大比丘の衆五百人と倶《とも》なり。爾《そ》の時、提婆達《だいばだっ》兜《た》、衆僧を壊乱《えらん》し如来の足を壊《え》し、阿闍世をして父王を取って殺さしめ、復《また》、羅漢・比丘尼を殺す。大衆の中に在って、是の説を作《な》さく。「何《いづれ》の処にか悪有る。悪、何《いづ》く従《よ》りか生ずる。誰か此の悪を作《な》して、当《まさ》に其の報を受くべき。我、亦《また》、此の悪を作《な》して其の報を受けず」と。

〔現代語訳〕

そのわけは、異学のものの坐禅には、邪見と執着と憍慢があるからである。それゆえに、その会得が異学と同じであれば、どんなに身心を苦しめても、結局何の益もない。ましてや、五逆を犯すもの、一闡提等と同じであれば、どうして仏法の身心があろう。

世尊があるとき、王舎城の東北霊鷲山《りょうじゅせん》におられ、大比丘衆五百人と一緒であったときのことである。そのとき、提婆達多は、衆僧の和合を破り、如来の足に傷をつけ、阿闍世にその父王を殺させ、また阿羅漢と比丘尼を殺すなどの悪行をなしたが、人びとの中にあってつぎのように説いた。「どこに悪があるのか、悪はどこから生じたか、誰がこの悪をなしてまさにその報いを受けるというのか、わたしはこの悪をなしたが、何の報いも受けていない」と。（鏡島訳）

右の義演編『永平広録』六の『涅槃経』の記述とも関連する三つの上堂は建長三（一二五一）

年に行われたものであるが、これは道元の「鎌倉下向」後の上堂語である。「一闡提」および後述する「阿闍世」云々の用語は、一二巻『眼蔵』「帰依仏法僧宝」および「三時業」の巻に現出をするが、右の上堂語は、一二巻『眼蔵』の、この両者の巻に登場する前段階の上堂語と見なされよう。

『永平広録』〔四一八〕における「一闡提」に関連する事例(1)では、「一切衆生有仏性」が用語として取り上げられている。しかし、前述した如く、七五巻『眼蔵』「仏性」の巻で問題とされていた点は「一切衆生、悉有仏性」という事であった。そこでは、

> 世尊道の、「一切衆生、悉有《しつう》仏性」は、その宗旨いかむ。是什麼物恁麼来《ししもぶついんもらい》《是れ什麼物《なに》か恁麼《いんも》に来《きた》る》の道転法輪なり。あるいは衆生といひ、有情といひ、群生といひ、群類といふ、悉有の言《ごん》は衆生なり、群有也。すなはち悉有は仏性なり。悉有の一悉を衆生といふ。正当《しょうとう》恁麼時は、衆生の内外《ないげ》すなはち仏性の悉有なり。単伝する皮肉骨髄《こつずい》のみにあらず、汝得吾《にょとくご》皮肉骨髄なるがゆへに。

などとあり、単純な（と思われる）「一切衆生有仏性」ではなかった。こうした「仏性」の巻での議論はここでは見えず、道元の評釈も、この『永平広録』〔四一八〕では、

一切衆生有仏性、世尊開示して凡聖を化す。（釈迦牟尼仏が何を教化されたか。一切の衆生はみな仏性があると、世尊は開示し凡聖を導かれたのである。）

と記述をされている。これは七五巻『眼蔵』「仏性」の巻における「仏性」の議論とは、かなり異なるものであると見なされるものであろう。

しかもこれは、「或は凡、或は聖《しょう》、或は闡提《せんだい》、或は逆人、或は天、或は人、無量無辺、不可称《しょう》量、不可思議なり。既に、這裏《しゃり》に到つて如何が設化《せっけ》せん」という疑問に対する回答と見なされるものであり、この限り道元は、これらの人々も「有仏性」であると見なしたのではなかろうか。

事例(2)では、「四重禁を犯し、五逆罪を作る。及び、一闡提等、当《まさ》に善根仏性を断ずべしや否や」と、四重禁戒を犯し五逆罪を犯した者や「一闡提」の、「断善根」が疑問に付されているが、仏が仏であるという、その本質は恒常不変性や変易不定、善や不善に関わらない、などと述べている。

結局、道元は、この上堂〔四三〇〕の説示の結論として「仏性何ぞ不二に関《あず》からん。諸法、本《もと》より、自性《じしょう》無し。時の人、乱《みだ》りに言ふ、橘《きつ》と枳《き》と、と」（仏性はどうして不二の教えに関わろう。すべてのものはもともと自性はないのである。それなのに仏性は不二であるというのは、世人が中国・江南では橘、港北ではからたちと言っても、実際は二つではないというようなものである）と述べ、ここでは「断善根」ということではなく、「仏性は　常に非ず、無常に非ず、是の故に不断なり」として、「仏性を断ずることはない」と述べている。

「仏性」が「不断」であり、「不二」である、というような議論は、七五巻『眼蔵』「仏性」の巻における議論では、まったく出てはこなく、この意味では、この『永平広録』〔四三〇〕の記事は、かなりの違和を感じるものであるが、なぜなのであろうか。この点では七五巻『眼蔵』との相違における、こうした記述の問題は、一二巻『眼蔵』にいたって『涅槃経』を依用する問題とともに、後述するように「鎌倉下向」の問題が関わっているのではなかろうか。

続く『永平広録』〔四三七〕の事例(3)では、「外道の坐禅」は「邪見・著味《じゃくみ》・驕慢有る故なり」と言い、もしそうなら、それは「逆人・闡提等に同ぜん」と述べられ、「善悪の行いには(必ず)報いがある」という文脈で述べられている。後者の「業報」のくだりは、一二巻『眼蔵』における「深信因果」の巻や「三時業」の巻の文脈と同等のものとなっていよう。

また五逆罪にあたる罪業を作るものとなった「提婆達多」や「阿闍世をして父王を取って殺さしめ」云々などという記述は、これも後述をするが、「外道の坐禅」等の記述をのぞき、これらは、ほぼ、かなりの類似点で永光寺本「三時業」の巻に収録をされているものとなっている。

ただしかし、前述したように道元が一二巻『眼蔵』「帰依仏法僧宝」の巻で「おのづから悪友にひかれ、魔障にあうて、しばらく断善根となり、一闡提となれども、ついには続善根し、その功徳増長するなり。帰依三宝の功徳、つひに不朽なり」と述べている問題は、これと関連する「涅槃経」の記述の問題、とも多く関連していよう。

一般に大乗涅槃経と呼ばれるものには、『大般泥洹経《だいはつないおん》』（法顕本、六巻本とも）、曇無讖《どんむしん》訳の『大般涅槃経』（北本、また大本とも）、『大般涅槃経』（南本）などの種類が知られているが、道元が引用しているのは通常、「北本」と呼ばれている曇無讖《どんむしん》訳のそれである。

大乗涅槃経の基本的教理は「如来常住《じょうじゅう》」、「一切衆生悉有仏性」、「常楽我浄《じょうらくがじょう》」および「一闡提成仏」などを柱として構成されているとされるが、「北本」においては編纂の経緯などもあり矛盾した記述も少なくないとされている。「一闡提」に関する記述もそれに相当し、「一闡提」の「無仏性」と「有仏性」との、両方の記述が存在するという（石川力山「業・旃陀羅問題と仏教経典――『涅槃経』における『一闡提』『旃陀羅』の位相とその意味するもの」『部落解放研究』第九〇号、一九九三年）。

この点から道元の記述を考慮すると、道元は、後者の立場、すなわち「一闡提」の「有仏性」という立場を選択したのではないか、と推測されるのである。なんとなれば道元は、後述するように、「鎌倉下向」の際、『涅槃経』「梵行品」を使用したとされているからである。

既述したように道元は、義演編『永平広録』六、〔四一八〕・〔四三〇〕などの記事においては「涅槃経」を根拠として「逆人」・「一闡提」等も「有仏性」であると見なしている記述を為している。これに加え、『涅槃経』「梵行品」の五、巻十八（国訳大蔵経）には、次のような説話が登場する。

それは、父親を殺したとされる「阿闍世《あじゃせ》王」を、侍医の「耆婆《ぎば》」が説得し仏教への帰依をいざなう場面で、次のような問答が交わされるものである（現代語訳は高崎直道『「涅槃経」を読む』岩波文庫、二〇一四年、による）。

「耆婆よ、わしは聞いている。一闡提とは、信ぜず、聞かず、観察することもできず、たとい法を聞いても、その意味を理解できないと。そのようなものに如来はどうして法を説かれるのであるか」

「大王よ、如来は一闡提のものたちの根性をよくご存知の上で、かれらのために法をお説きになるのです。そのわけは、もし説かなければ凡人たちは、如来を一切智とお呼びできるが、慈悲に欠けるところがあれば一切智ではない、というでしょう。それ故、如来は一闡提にも法を説かれるのです。如来はどんな病人に対しても、法の薬を施されます。その法薬を服用しないのは、病人の罪であって如来の咎《とが》ではありませぬ。

大王よ、一闡提には二種あります。一つは現世の善根を得るもの、二つには後世の善根を得るものです。如来は現世の善根のないものにも、後世の善根を得させるために法を説かれるのです。それはちょうど、肥溜《こえだめ》に落ちた人を無理にでも髪を掴《つか》んで引き上げるようなものです。如来は三悪道に堕ちた衆生をごらんになると、方便をめぐらして先ず引き上げようとなさるのです」

阿闍世王はようやく心を動かして耆婆に告げた。

「耆婆よ、如来がそれほどになさるというのであれば、わしは吉日を選んで如来のみもとに参ることにしよう」（高崎、同右書、三〇四～五頁。傍点、引用者）

『涅槃経』「梵行品」というのは後述するように、道元が「鎌倉下向」の際に使用したとされている経典であるが、その巻十八に、「阿闍世王」を説得する「耆婆」の言葉として、「一闡提」には二種があり、一は現世で善根を得るもの、二には後世で善根を得るもの、という記述が為されている。とするなら道元の、一二巻『眼蔵』「帰依仏法僧宝」の巻での記述は、『永平広録』〔四一八〕・〔四三〇〕・〔四三七〕の記事等を勘案して推測をするならば、「後世の善根を得るもの」として、「一闡提」を捉えていると見なされるのではなかろうか。

『平川彰著作集』全17巻（春秋社）など、多くの著述活動をおこなった平川彰氏は、「大乗経典の発達と阿闍世王説話」という論考の中で、「殺父・殺母の人は、大乗仏教ではどうなるのかという問題がある。大乗仏教が、小乗に対して自らを大乗というとき、殺父や殺母の人をも漏らさないと言いうるのか、そして漏らさないと言うならば、その根拠は何であるか等のことが問題になったと思われる。少なくとも大乗経典に説かれる阿闍世王説話を見ると、このような観点から取り上げられていると考えられるのである」と指摘をし、次のように述べている。

以上、大乗の涅槃経の阿闍世王説話を簡単に見たのであるが、それは阿含《あごん》の沙門果経の形

式を受けていること、内容的には逆罪を犯した阿闍世王の苦悩と、それを救済しうる道のあることを示したものである。(中略)

故に涅槃経で「重罪」と言っているのは四波羅夷《はらい》(淫・盗・殺・妄の四つの罪。仏教の出家者［比丘・比丘尼］に課される戒律［具足戒］の内、僧団［僧伽］からの永久追放に値する最重罪の総称＝筆者注)、五逆罪を作《な》した者、ならびに正法を誹謗した者、この三者であることがわかる。しかし涅槃経では、これらの人も救われうるとなしているのである。(平川、右同論考、『印度學佛教學研究』二〇巻一號、一九七一年、四〜五頁)

『涅槃経』が「五逆罪」等を犯した「一闡提」も救われうる、とするなら、道元は、右の『涅槃経』「梵行品」巻十八などの記述(ほかに「獅子吼《ししく》菩薩品」第十一の二などに「一闡提」は「有仏性」であるという記述なども存在するが)などをもとに、あからさまな「如来蔵思想」につながると想定される「如来常住」、「一切衆生悉有仏性」、「常楽我浄」などの三者を除き、「一闡提成仏」を選択し、「一闡提となれども」、「後世の善根を得るもの」として、「積功累徳《しゃくくく》」(生まれ代わり生まれ代わり良き行いを積む)をするならば、「ついには続《ぞく》善根し、その功徳増長するなり」と述べた可能性が高いと考えられるのである。

この点では、『永平広録』第六、〔四一八〕・〔四三〇〕・〔四三七〕などの記述は、その証明とも見なされるものではなかろうか。それ故、道元は一二巻『眼蔵』「帰依仏法僧宝」の巻で、次のように述べ得たのであろう。

すでに帰依したてまつるがごときは、生々世々、在々処々に増長し、かならず積《しゃく》功累徳し、阿耨多羅三藐三菩提を成就するなり。おのづから悪友にひかれ、魔障にあうて、しばらく断善根となり、一闡提となれども、ついには続善根し、その功徳増長するなり。帰依三宝の功徳、つひに不朽なり。（傍点、引用者）

いずれにせよ、この一二巻『眼蔵』「帰依仏法僧宝」における「一闡提となれども、ついには続善根し、その功徳増長するなり」というのは、一二巻『眼蔵』のみに現れる、道元の「一闡提成仏」（の可能性）という解釈を伴った言表、と見なされるのである。

しかし、この、「一闡提となれども、ついには続善根し、その功徳増長するなり」という「帰依仏法僧宝」の巻における「積《しゃく》功累徳」をするならば、という文脈は、一二巻『眼蔵』「三時業」の巻においても、「業報」について同様に記述をされている。「三時業」の巻の最後部分では次のように、そのくだりが言及されている（《 》内、原漢文）。

参学のともがら、この三時業をあきらめんこと、鳩摩羅多尊者のごとくなるべし。すでにこれ祖宗の業なり、廃怠《はいたい》すべからず。このほか不定業等の八種の業あること、ひろく参学すべし。いまだこれをしらざれば、仏祖の正法つたはるべからず。この三時業の道理あきらめざらんともがら、みだりに人天《にんでん》の導師と称することなかれ。

《世尊言はく、「仮令《たとひ》百劫を経《ふ》とも、所作の業は亡ぜじ。因縁会遇《ゑぐう》せん時、果報還つて自ら受く」》。《「汝等当《なんだちまさ》に知るべし、若し純黒業すれば純黒の異熟を得ん、若し純白業すれば純白の異熟を得ん、若し黒白業すれば雑《ざふ》の異熟を得ん。是の故に、汝等応《まさ》に純黒及び黒白の雑業《ざふごふ》を離るべし、当に純白の業を勤修《ごんしゆ》学すべし」》。《時に諸《もろもろ》の大衆、仏説を聞き已《をは》りて、歓喜信受しき》。

世尊のしめしましますがごときは、善悪の業つくりをはりぬれば、たとひ百千万劫《こう》をふといふとも不亡なり。もし因縁にあへば、かならず感得す。しかあれば、悪業は懺悔すれば滅す、また転重軽《きよう》受す。善業は、随喜《ずいき》すればいよいよ増長するなり。これを不亡といふなり、その報なきにはあらず。

〔現代語訳〕

すべからく仏法を学ぶ者は、この三時業の道理を明らかにすることは鳩摩羅多尊者のごとくであるべきである。このほかにも業には不定業等の八種の業も存在することを広く学ぶべきである。いまだこれを知らないのであれば、とうてい仏祖の正法の教えは伝わらない。この三時業の道理をわからないやからは、みだりに人天の導師などと称すべきではない。

《釈迦牟尼仏は次のように述べられた。「たとい百千万劫を経るとも為した業の果は無くならない。もし悪しき純黒業を為せば悪しき純黒業の異熟果を受け、もし善き純白業を為せば善き純白業の異熟果を受けよう。もし善悪が定まらない黒白業を為すなら、善悪が定まらない雑の異熟果を受けよう。このゆえに汝らは純黒業や黒白業などの雑業を為してはならない。善き純白業のみを学び行うべきなのである」。》

釈迦牟尼仏が述べられているように、善悪の業が作られたなら、それは百千万年を経《へ》ようともなくならない。それは然《しか》るべき因縁に遇えば必ず結果として出てくる。そういう訳であるので、悪業は自身が懺悔をするなら滅し、またそれに応じた苦を受ける。善き行いは自ら発してこそますますの喜びとなる。このことを不亡というのだ。（業の）報いというのは、ないという訳ではないのである。（拙訳）

道元は、「輪廻」および「積功累徳《しゃくくく》」ということについて、『眼蔵』中で繰り返し言及をしてもいないし、これをテーマとして論じてもいない。『眼蔵』中、前者は三箇所、後者は七箇所のみの現出である。しかしながら、一二巻『眼蔵』「出家功徳」の巻での次のような言表、

いまわれら宿善根力にひかれて最勝の身をゑたり、歓喜随喜して出家受戒すべきものなり。最勝の善身をいたづらにして、露命を無常の風にまかすることなかれ。出家の生々《しょうじょう》をかさ

ねば、積功累徳ならん。（傍点、引用者）

すなわち「最勝の善身をいたづらにして、露命を無常の風にまかすることなかれ。出家の生々《しょうじょう》をかさねば、積功累徳ならん」というような言表を見る限り、一二巻『眼蔵』では、「輪廻」や「積功累徳」ということを前提にして、論を組み直していると見られるのではなかろうか。

「因果」について

次に、(3)の『眼蔵』における「因果」という用語について見てみよう。「因果」とは発生した現象には原因（因）があり、それには結果（果）が必然的にともなうことをいう。仏教用語ではこのことを因果の道理（法則）などと称する（ただし、本論では「果」という一語のみの検索は省いている）。

この「因果」という用語は、『眼蔵』中で一〇一箇所に登場をするが、七五巻『眼蔵』では、「百丈（と）野狐《やこ》（に関する問答）」との関連で「大修行」の巻に集中して現れ（二九箇所）、七五巻『眼蔵』では都合四七箇所である。「百丈野狐」の問答とは、僧の「大修行」における、百丈禅師と一人の老人（実は野狐。過去に問答の答えを誤ったせいで野狐になったという人物）との問答をめぐる公案のことをいう。七五巻『眼蔵』「大修行」の巻は「不落《ふらく》因果」（因果におちない＝因果はない）と「不昧《ふまい》因果」（因果に明るい＝業・因果の存在を認める）ということをめぐって、道元が様々な評釈を加えている巻となっている。

対して一二巻『眼蔵』では「因果」という語は「深信因果」の巻に集中して現れ（四五箇所）、一二巻『眼蔵』では都合、五四箇所に出てくる。つまり「因果」という用語に関しては七五巻『眼蔵』では「大修行」の巻が、一二巻『眼蔵』では「深信因果」の巻が、それぞれ代表的な検討をしている巻となっている、と見なされよう。

七五巻『眼蔵』「大修行」の巻は寛元二（一二四四）年の示衆であり、道元の「鎌倉下向」の前の示衆ということになる。「大修行」の巻における「因果」の使用例は、一二巻『眼蔵』のそれとは違って、「因果」ということに関する、それ自体の考察という意味合いが濃く、一二巻『眼蔵』におけるがごとく、「(三時) 業」とは必ずしも結びつけられてはいない。

「因果」という用語に関し、事例が多すぎる、ということもあり、ここではすべての事例を検討する余裕がなく、一、二の、典型的な事例に絞って見てみよう。七五巻『眼蔵』「大修行」の巻における事例は、以下のごとくである。

大修行を摸得《もて》するに、これ大因果なり。この因果、かならず円因満果なるがゆゑに、いまだかつて落不落の論あらず、昧《まい》不昧の道あらず。「不落因果」もしあやまりならば、「不昧因果」もあやまりなるべし。将錯就錯《しょうさくじゅさく》すといへども、堕野狐身あり、脱《とつ》野狐身あり。不落《ふらく》因果、たとひ迦葉《かしょう》仏時にはあやまりなりとも、釈迦仏時はあやまりにあらざる道理もあり。不昧《ふまい》因果、たとひ現在釈迦仏のときは脱《とつ》野狐身すとも、迦葉仏時しかあらざる道理も現成すべきなり。

〔現代語訳〕

この大修行ということをよくよく考えてみるに、それは大因果ということである。この因果というのは、必ず因というものが完全であり、果というのも完全であるにほかならないから、（因果に）落ちる、落ちないを論ずべきものではないし、また、（因果は）はっきりしている、いない、というものでもない。したがって「不落因果」ということが、もしあやまりならば、「不昧因果」ということも誤りであろう。だがいずれにしても、それで野狐の身に堕ちたのであり、それで野狐の身を脱したのである。

因果に落ちない、というのが迦葉《かしょう》仏の時には誤りであっても、釈迦牟尼仏の時には誤りではない、という道理もあるのである。たとえ現世の釈迦牟尼仏の時には野狐の身を脱することができたとしても、迦葉仏の時にはそうではない道理も存在するのである。（拙訳）

こうした「大修行」の巻における「因果」の検討では、百丈山大智禅師の問答にちなみ、右の考察に続いて、「不落因果」（因果に落ちず）という「祇対《しつい》」（応答）が誤っていた（錯対《さくつい》）としても、それは必ず「野狐」に堕する訳ではない、学人が問答を誤まり、その「業因」によって「野狐」になるというなら、臨済（中国・唐代の禅僧。『臨済録』で知られる）・徳山《とくさん》（中国・唐代の禅者。徳山宣鑒《せんかん》禅師）などのところでは「野狐」で満たされているはず、と皮肉を交えて「因果」の考察をしていると見なされる論を展開している。

他方、右の七五巻『眼蔵』「大修行」の巻の検討とは異なり、「因果」ということに関する一二巻『眼蔵』「深信因果」の巻では、冒頭にやはり百丈山大智禅師における「野狐」の説話を引きながら、次のように結論づける。

　この一段の因縁、天聖《てんしょう》広灯録にあり。しかあるに、参学のともがら、因果の道理をあきらめず、いたづらに撥無《はつむ》因果のあやまりあり。あはれむべし、澆《げう》風一扇《せん》して、祖道陵替《れうたい》せり。不落因果は、まさしくこれ撥無因果なり、これによりて悪趣に堕す。不昧《ふまい》因果は、あきらかにこれ深信因果なり、これによりて聞くもの悪趣を脱す。あやしむべきにあらず、うたがふべきにあらず。近代参禅学道と称するともがら、おほく因果を撥無せり。なにゝよりてか因果を撥無せりとしる、いわゆる不落と不昧と、一等にしてことならずとをもへり、これによりて因果を撥無せりと知るなり。

〔現代語訳〕

この一段の消息は中国の祖録、『天聖広灯録』巻八、百丈章に見えているが、仏道を学ぶ人々も、とかく因果の道理を明らかにせず、いたずらに因果を否定する撥無因果の誤り、すなわち前世に善因（ないし悪業）あれば後生に福業（ないし苦果）を得るという道理を無視する誤りをおかしていよう。哀れむべきことだが、末世の風がひとたび吹いて、仏祖の道も衰えたのであろうか。

いうところの「不落因果」（因果はない）というのは、明白に「因果」というものを否定している。それは悪道に落ちることである。一方、「不昧因果」（因果があることを肯定する）というのは、言い換えれば、深く因果ということを信じることなのである。それゆえ、そのことを聞くだけで悪道を脱することができるのである。このことは不審を抱いたり疑うべきものではないものである。

しかるに近頃の参禅し仏道を習うという者も、多くは因果というものを否定している。いったい、何によってそうと知ることができるのか。それは、いま言うところの「不落」と「不昧」というのは同じことだと思っているからであろう。しかしそれは、そのことによって「因果」自体を否定しているのだと知られるのである。（拙訳）

右のように一二巻『眼蔵』「深信因果」の巻では、七五巻『眼蔵』「大修行」の巻における「百丈（と）野狐」という同じ説話を参照しながら、「深信因果」の巻では「不昧因果」に軍配をあげ、七五巻『眼蔵』「大修行」の巻におけるそれとは、明らかに異なっている論を展開していると見られるよう。結果、一二巻『眼蔵』「深信因果」の巻では道元は、次のように述べる。

仏法参学には、第一因果をあきらむるなり。困果を撥無するがごときは、おそらくは猛利《みょうり》の邪見をおこして、断善根とならんことを。

こうした「因果」観の提示のあと、「三時業」の巻における、「いまのよに、因果をしらず、業報をあきらめず、三世をしらず、善悪をわきまへざる　邪見のともがらには群すべからず」という「業報」をともなう「因果」観が現出をするのである。これらは七五巻『眼蔵』には見られず、一二巻『眼蔵』特有のもの、と言ってよいものであろう。

道元の思想的転回

さて、総じて、七五巻『眼蔵』「出家」の巻と一二巻『眼蔵』「出家功徳」の巻との相違、および七五巻『眼蔵』「大修行」の巻と一二巻『眼蔵』「深信因果」の巻との比較などにおける特徴は、むしろ全体としての、七五巻『眼蔵』と一二巻『眼蔵』との相違を象徴している、とも言えるものなのではなかろうか。むろん、このことは今後の『眼蔵』研究の重要な課題であることは言を俟たないことであろうが。

ここで筆者が「相違」があると思う点は、その記述において、主として実体的（実在的）な記述をしているかどうか、という点においてである。「実体的（実在的）な記述」というのは、一二巻『眼蔵』「深信因果」の巻における、既述の、百丈と野狐との問答において、「脱《と》野《つ》狐身のすなはち善趣にうまるべくは天上人間にうまるべし、悪趣にうまるべくは四悪趣（地獄・餓鬼・畜生の三悪道に修羅を加えたもの）等にうまるべきなり」と結論づけている点や、「三時業」の巻において、「旃陀羅」行の業の報い、および樵《きこり》の「双の臂《ひじ》」が落ちる事例や宦官《かんがん》の事例、「五無間業」における殺生などの「業報」の事例など、すなわち順現法受業や順次生受業、順後次受業などの、生身の人間（の職業など）を取り上げた具体的な記述という点などの意味において、のそれである。

右のような一二巻『眼蔵』の特徴と思われる点をめぐって、曹洞禅における宗学研究者の石川力山氏は、『『業』・『因果』を考える　四『正法眼蔵』と『修証義』の業理解について』という論考の中で、道元の、特には「業」の思想の特徴について、次のような指摘をしている（傍点、引用者）。

こうした点から、道元禅師が説かれた「業」の思想の特徴をまとめるなら、今の生《せい》では出家の道を選び、その必然的結果として未来における成仏《じょうぶつ》の果を得ることを確信するということにこそ、その主眼とするところがあります。

その意味では、『スッタニパータ』にも見られたような純粋に宗教的な意味での行為（修道）とその果（成仏《じょうぶつ》）という枠組みによって捉えられた業思想ということになり、この立場は、親鸞の場合とも共通する地平を持ち、業説の原初的意味に近い受け止め方がなされ、原則的にはこの意味で貫徹され用いられていることがわかります。

しかし他方、十二巻『正法眼蔵』の随所に挿入される逸話《いつわ》や譬喩《ひゆ》、さらには「深信因果」の巻に見られる「造悪の者は堕《お》ち、修善の者は陞《のぼ》る」といった表現には、容易に現実の幸・不幸、運・不運といった、人生におけるさまざまな境遇を説明する理論に陥りやすい危険性を帯びた業理論、という性格も合わせ備えているという点があることも否定できません。

（石川、同右論考、『曹洞宗報』一九九二年五月号、三二頁）

右の文中、パーリ語文献の『スッタニパータ』の引用は、その「ヴァーセッタ経」における、有名な「生れによってバラモンなのではない。生れによって非バラモンなのでもない。行為によってバラモンなのである。行為によって非バラモンなのである」云々によっている。しかし、これとても、インド社会におけるカースト的身分制度を打破しようとした言説ではない。生まれと職業との関係は曖昧なままなのである。この部分に続いて「ヴァーセッタ経」では、「生きとし生ける者は業（行為）によって縛《ばく》せられている（縛られている）」と、行為の「因」とその「果」との関係を述べているのである。ここで石川氏が指摘した、しかし他方、十二巻『正法眼蔵』の随所に挿入される逸話《いつわ》や譬喩《ひゆ》、さらには「深信因果」の巻に見られる「造悪の者は堕《お》ち、修善の者は陞《のぼ》る」といった表現には、容易に現実の幸・不幸、運・不運といった、人生におけるさまざまな境遇を説明する理論に陥りやすい危険性を帯びた業理論、という性格も合わせ備えているという点があることも否定できません。

という見方は、筆者の観点では、一二巻『眼蔵』に至って、ある意味における「実体的な記述」が主となっているからと見なされるものである。これは何故であろうか。

先に寺田氏が道元の思想的変遷という事に対し、むしろそれは「道元の分裂」であるとして、執筆の時期を挙げ、それが垣間見えるのは『眼蔵』執筆の後期、とりわけ一二巻『眼蔵』の「発菩提心」、「袈裟功徳」、「出家功徳」、それから「三時業」の各巻などであると指摘をしていることを紹介した。

がしかし、筆者の観点ではそれは、「分裂」という見方もでき得るが、むしろそれは、そう言ってよければ「思想的転回」とでもいうべき性格を備えたものであると見なされる側面をもっているのではないか、と思われるのである。ここで見てきたように、一二巻『眼蔵』は、典型的には「深信因果」の巻や「三時業」の巻に見られるように、ある意味において、ほぼ「実体的な記述」が主となっていると見なされるからである。しかもそれは、一二巻『眼蔵』全体で「衆生」（在俗）に対する、「出家」を勧め、そのうちの特定の巻では「出家」をしない者は「黒業」や

「断善根」のやからとなる、とまで言及をされているものとなっている。

筆者自身は、今のところ、このような理由がもたらされた原因は、すなわち、この章で見てきたような「相違」がもたらされたのは、道元の、いわゆる「鎌倉下向」ということに、その主たる原因があったからではないのか、という推測をしている。この推測が成り立つ一二巻『眼蔵』の巻は、「三時業」の巻である。

なぜそのような推測が可能なのか。以下、次節では、一二巻『眼蔵』における諸問題の中でも、今までほとんど取り上げてこられなかった一二巻『眼蔵』「三時業」の巻の問題点について見てみよう。

二　「三時業」の巻の問題点

二つの写本の問題

一二巻『眼蔵』「三時業」の巻が抱える問題は、先の寺田氏の「阿毘達磨毘婆沙論」云々の指摘を待つまでもなく、筆者の観点においても、非常に重要な問題が内包されている、と考えられるものである。

それは、通常、我々が眼にしている「三時業」の巻は、一二巻『眼蔵』に含まれる「三時業」の巻、すなわち永平寺六〇巻本（洞雲寺《とううんじ》本）による「三時業」の巻であるが、これは、永光寺《ようこうじ》本による「三時業」の巻と、内容において相違を持っている、という問題である。

大久保本『眼蔵』では永光寺本「三時業」の巻が一二巻『眼蔵』のものとして採録され、永平寺六〇巻本によるそれは「別本」として収録をされている。しかしながら、管見のかぎり、両者の相違については、これまで、ほとんど問題とされてこなかったと思われるが、後者の、永光寺本「三時業」の巻は、道元の「鎌倉下向」の問題と絡む問題の記述、が内包されている、と見られるものである。

どういうことか。この点を見るに、長文となることをいとわず、まず両者の本文の「異同」を確認しておこう。

相違の主な箇所は、「三時業」の巻の、「第二順次生受業」（第二生に「異熟果」をうけること）における「五無間業《ごむげんごう》といふは」の記述のあとの文、である。最初に、通常、使用されている、（なじみの）永平寺六〇巻本「三時業」の巻による、当該箇所を見てみよう。これは次のような文となっている。

　五無間業《ごむげん》といふは、
　一、殺父《しいふ》、二、殺母《しいも》、三、殺阿羅漢《しあらかん》、四、出《すい》仏身血、五、破法輪僧。
　これを五無間業となづく、また五逆罪となづく。はじめの三は殺生《せつしょう》なり、第四は殺生の加《け》行なり。如来はいかにも人にころさせたまはず、たゞ身血をいだすを逆とす。中夭《よう》なきは最後身菩薩、都史《とし》多天一生所繫《しょげ》菩薩、北州樹提伽《じゅだいが》、仏医なり。第五破僧罪は虚誑《こおう》なり。
　この五逆、かならず順次生受業に地獄におつるなり。提婆達多《だいばだった》はこの五無間業のなかに三をつくれり。いはく蓮華色《れんげしき》比丘尼をうちころす。この比丘尼、大阿羅漢なり。これを殺阿羅漢罪とす。

盤石《じやく》をなげて世尊をうちころしたてまつらんとす。盤石ときに山神にさへられてくだけぬ。そのくだけほとばしりて如来の足指にあたれり。足指やぶれ血まさにいづ。これ出仏身血罪なり。

初学愚鈍の比丘五百人をかたらひて、伽耶《かや》山頂にゆきて別羯摩《べつこんま》をつくる、これ破僧罪なり。この三逆罪によりて阿鼻《あび》地獄におちぬ。いまに無間の苦をうく。四仏の提婆達多なを阿鼻にあり。

倶伽離《くかり》比丘、この生に舎利弗《ほつ》・目犍連を謗《ほう》ずるに、無根波羅夷《はらい》の法をもて世尊みづからいさめましめます。梵王きたりて制すれどもやまず。二尊者を謗じて地獄におちぬ。

四禅比丘、臨命終《みょうじゅう》のとき、謗仏せしによりて阿鼻地獄におつ。かくのごとくなるを、順次生受業となづく。（ゴシック体は引用者）

右の六〇巻本「三時業」の巻による「五逆罪」の箇所の記述は、かなり短い文章になっている。これに対し、永光寺本「三時業」の巻の該当箇所は、次のごとくである（引用は大久保道舟編『古本校訂 正法眼蔵 全』筑摩書房、一九七一年。《 》内は原漢文。ここでは読み下し文としている）。

五無間業。

一者、殺父。二者、殺母。三者、殺阿羅漢。四者、出仏身血。五者、破和合僧。

この五無間業のなかに、いづれにても一無間業をつくれるもの、かならず順次生に地獄に堕するなり。あるいはつぶさに五無間業ともにつくるものあり、いはゆる、迦葉《かしょう》波仏のときの華上《けじょう》比丘これなり。

あるいは一無間業をつくるものあり、いはゆる、釈迦牟尼仏のとき、阿闍世《あじゃせ》王なり、そのちちをころす。

あるいは三無間業をつくれるものあり、釈迦牟尼仏のときの阿逸多《あいった》これなり、ちちをころし、母をころし、阿羅漢をころす。この阿逸多は、在家のときつくる、のちに出家をゆるさる。提婆達多、比丘として三無間業をつくれり、いはゆる、破僧・出血・殺阿羅漢なり。あるいは提婆達兜《だっと》といふ、《此に天熱と翻《ほん》ず》。その破僧といふは、

《五百の新学愚蒙の比丘を吉伽耶山に将《ひき》いて、五邪法を作して、而も法輪僧を破る。身子之を厭《いと》ひて眠熟せしめ、目連衆を擎《けい》して将《まさ》に還らんと。提婆達多眠より起きて誓を発し、此の恩に報いんことを誓ひ、縦三十肘、広十五肘の石を捧げて、仏に擲《なげう》つ。山神手を以て石を遮り、小石迸《ほとばし》りて仏足を傷け、血出づ》。

もしこの説によらば、破僧さき、出血のちなり。もし余説によらば、破僧・出血の先後、いまだあきらめず。また拳をもて、蓮華色比丘尼をうちころす。この比丘尼は阿羅漢なり。これを三無間業をつくれりといふなり。破僧罪につきては、破羯摩僧《はこんまそう》あり、破法輪僧あり。

破羯摩僧は三州にあるべし、北州をのぞく。如来在世より、法滅のときにいたるまで、これあり。破法輪僧は、たゞ如来在世のみにあり、余時にはたゞ南州にあり、三州になし。この罪最大なり。

この三無間業をつくれるによりて、提婆達多、順次生に阿鼻地獄に堕す。かくのごとく五逆つぶさにつくれるものあり、一逆をつくれるものあり。提婆達多がごときは、三逆をつくれり。ともに阿鼻地獄に堕すべし。その一逆をつくれるがごとき、阿鼻地獄一劫の寿報なるべし。具造《ぐぞう》五逆のひと、一劫《いちこう》のなかに、つぶさに五報をうくとやせん、また前後にうくとやせん。

《先徳曰く、阿含《あごん》・涅槃には、同じく一劫在り、火に厚薄有りと》。あるいはいはく、唯在増苦増。

いま提婆達多、かさねて三逆をつくれり、一逆つくれる罪人の苦には三倍すべし。しかあれども、すでに臨命終のときは、南無の言をとなへて、悪心すこしきまぬかる。うらむらくは具足して南無仏と称せざること。阿鼻にしては、はるかに釈迦牟尼仏に帰命したてまつる、続善ちかきにあり。

なほ阿鼻地獄に四仏の提婆達多あり。瞿伽離比丘《くかりびく》は、千釈出家の時、そのなかの一人なり。調達・瞿伽離二人、出城門のとき、二人のれる馬、たちまちに仆倒し、二人むまよりおち、冠ぬけておちぬ。ときのみる人、みないはく、この二人は仏法におきて益をうべからず。この瞿伽離比丘、また倶伽離といふ。此生《し》に舎利弗・目犍連を謗するに、無根の波羅夷をもてす。世尊みづからねんごろにいさめましますに、やまず。梵王くだりていさむるに、やまず。二尊者を謗ずるによりて、次生に地獄に堕しぬ。いまに続善根の縁にあはず。

四禅比丘、臨命終のとき、謗仏せしによりて、四禅の中陰かくれて、阿鼻獄の生相たちまちに現じてすなはち命終し、阿鼻地獄に堕せり。かくのごとくなるを、順次生受業となづく。

この五無間業を、なにゝよりて無間業となづく。そのゆゑ五あり。

《一者《は》、趣果無間なるが故に、無間と名づく。此の身を捨て已《おわっ》て、次の身に即ち受くるが故に、無間と名づく。

二者、受苦無間なるが故に、無間と名づく》。《五逆之罪は、阿鼻獄に生れて、一劫之中、受苦相続して、楽間有ること無し。因《よっ》て果に従て称して、無間業と名づく》。

《三者、時量無間なるが故に、無間と名づく。五逆之罪は、阿鼻獄に生れて、決定して一劫時不断なるが故に、故に無間と名づく》。

《四者、寿命無間なるが故に、無間と名づく。五逆之罪は、阿鼻獄に生れて、一劫之中、寿命絶ゆること無し。因て果に従て称名無間と為す》。

《五者、身形無間なるが故に、無間と名づく。五逆之罪は、阿鼻獄に生る。阿鼻地獄は、縦広八万四千由旬、一人中に入るも身亦遍満し、一切人入るも身亦遍満して、相障礙《げ》せず。因て果に従て号し名づけて無間と曰ふ》。（傍点およびゴシック体は引用者）

通読して理解されるように、前者の永平寺六〇巻本『眼蔵』による「三時業」の巻の「五逆罪」以降の文は非常に短いものであるのに対し、永光寺本のそれは、逆に、非常に詳しい記述、となっている。文中の主な登場人物のうち、「提婆達多」、「阿闍世」、「蓮華色比丘尼」等は既述で触れているが、「阿逸多《あいった》」、「瞿伽離比丘《くかりびく》」といった人物は「提婆達多」と同様のものたちであると描写されていると見なされよう。両者に、やや共通の文章と言える箇所（細部で異なってはいるが）は、ゴシック体で表記をした箇所のみである。

永平寺六〇巻本『眼蔵』「三時業」の巻と永光寺本のそれとは、内容が同じように見えてはいるが、実際の文章はまるで別物のようである。第一、表題となっている「五無間業」の項目の「五」では、前者では「破法輪僧」とあるのに対し、後者では「破和合僧」と異なって記述をされているのをはじめ、この箇所の最後のほうでは、具体的に「五無間業」と名付けられる理由を詳細に記述をしている。

道元の鎌倉下向と「阿闍世」

筆者は、コンピュータ・データベースにこの箇所を収録する際に、比較の用に供するため、長文の永光寺本、したがって大久保道舟編による「三時業」の巻を採用することとしたのであるが、この永光寺本「三時業」の当該箇所には、それ以上に、見過ごせない記述が含まれている。

それは、永平寺六〇巻本「三時業」の巻にはない、「阿闍世《あじゃせ》王」という語が見える、次の記述があるからである（傍点、引用者）。

あるいは一無間業をつくるものあり、いはゆる、釈迦牟尼仏のとき、阿闍世王なり、そのちちをころす。

この「阿闍世王」の話は、筆者の観点では、道元の、いわゆる「鎌倉下向」と結びついている、と見なされるものであるが、どうしてそうなのか、その次第を追って見よう。

道元の「鎌倉下向」は、二箇所の記述からうかがえる。一つは『正法眼蔵随聞記《ずいもんき》』第二における記述と、二には、『永平道元和尚廣録』（『永平広録』）第三の、いわゆる「帰山上堂《きさんじょうどう》語」として知られる箇所である。

比叡山に学び、日本達磨《だるま》宗・多武峰《とうのみね》の覚晏《かくあん》に参じたのち、道元門下となった懐奘《えじょう》の編による『随聞記』第二では、「鎌倉下向」について、次のように出ている。

亦《また》ある人勧めて云く、仏法興隆のために関東に下向すべしと。答て云《いは》く、然《しか》らず。若《も》し仏法に志あらば、山川江海を渡りても来りて学すべし。その志し無からん人に往き向ふて勧むるとも、聞き入れんこと不定なり。只我が資録のために人を誑惑《こはく》せんか、亦財宝を貪らんがためか、それは身の苦しみなれば、いかでもありなんと覚ゆるなり。

この『随聞記』の記述では、関東（鎌倉）への下向は、「ある人勧めて云く、仏法興隆のために関東に下向すべし」という「勧め」があったが、「然らず」と否定され、「若し仏法に志あらば、山川江海を渡りても来りて学すべし」と、いったんは「鎌倉下向」が否定されている、と見なされるものとなっている。「勧め」た、という人が誰かは不明である。

他方、懐奘《えじょう》編の『永平広録』第三〔二五一〕の、「鎌倉下向」に関する、いわゆる「帰山《きさん》上堂語」として知られる記述は、次のとおりである。ここで「帰山」とは永平寺に帰ったこと。

〔二五一〕　宝治二年戊申三月十四日の上堂に、云く、山僧、昨年八月初三日、山を出で、相州の鎌倉郡に赴き、檀那俗弟子の為に説法す。今年今月昨日、帰寺、今朝陞《しょう》座す。
這一段の事、或は人有って疑着《ぎじゃ》す。幾許の山川を渉って俗弟子の為に説法する、俗を重くし僧を軽するに似たり、と。又、疑わん。未曽説底《みぞうせってい》の法、未曽聞底《みぞうもんてい》の法有りや、と。然れども、都《すべ》て、未曽説底の法、未曽聞底の法無し。只、他《かれ》の為に説く、修善の者は昇り、造悪の者は堕《お》つ、修因感果、抛塼引玉《てきせんいんぎょく》（卍本「塼《かわら》を抛《なげす》て玉を引く」）而已《のみ》なり、と。
然《しか》も是の如くなりと雖も、這一段の事、永平老漢の明得・説得・信得・行得なり。衆、這《しゃ》箇《こ》の道理を会《うい》せんと要すや。良久して云く、咍耐《はつい》、永平が舌頭、説・説果・無由（卍本「因と説き、果と説き、由し無し」)。功夫耕道、多少の錯《あやま》りぞ。今日、憐れむべし、水牛となることを。這箇は是、説法底の句、帰山底の句、作麼生《そもさん》か道《いわ》ん。
山僧、出去半年余。猶、孤輪の太虚に処するが若し。今日、帰山、雲喜ぶ気。山を愛するの愛、初めよりも甚し、と。(傍点、引用者)

宝治二(一二四八)年三月一四日の上堂で、道元は半年にわたる「相州の鎌倉郡に赴き、檀那《だんな》俗弟子の為に説法」したことについて報告をしたが、この時、道元は二点に渡って疑問(「這《しゃ》一段の事、或は人有って疑着す」)に答えようとしている。

一つは、「幾許《いくばく》の山川を渉って俗弟子の為に説法する、(このことは)俗を重くし僧を軽するに似たり」なのではないか。すなわち「鎌倉下向」は、俗弟子を重く見て、永平寺の僧を軽くした(見捨てる?)ことなのではないか、というのである。

もう一つは、「又、疑わん。未曽説底《みぞうせってい》の法、未曽聞底《みぞうもんてい》の法有りや」というものであった。すなわち、永平寺の僧たちに、未だ説法していない事柄、未だ聞かせていない事柄を、鎌倉の「檀那《だんな》俗弟子の為に説法」したのではないか、という疑問である。

この疑問に対し道元は、いや「未曽説底の法、未曽聞底の法無し。只、他《かれ》の為に説く、修善の者は昇り、造悪の者は堕つ、修因感果、抛塼引玉《てきせんいんぎょく》而已《のみ》なり」と答えている。

すなわち、いままで説法で話してきたことを説いたのだ、それは「修善の者は昇り、造悪の者は堕《お》つ」という「深信因果」ということであり、「修因感果」(善業・悪業を修すれば、それに応じた果をうけること)のことであり、それは瓦を投げ捨て玉《ぎょく》を得ることなのだ、と答えたのである。

この、右の、「修善の者は昇り、造悪の者は堕《お》つ」という『永平広録』第三〔二五一〕における「深信因果《じんしんいんが》」のくだりは、語順を変えて、一二巻『眼蔵』「深信因果」の巻の最後部分に、次のように登場をする(傍点、引用者)。

仏法参学には、第一因果をあきらむるなり。困果を撥無するがごときは、おそらくは猛利《みょうり》の邪見をおこして、断善根とならんことを。
おほよそ因果の道理、歴然としてわたくしなし。造悪の者は堕し、修善のものはのぼる、毫釐《ごうり》もたがはざるなり。もし因果亡じ、むなしからんがごときは、諸仏の出世あるべからず、祖師の西来あるべからず、おほよそ衆生の見仏聞法あるべからざるなり。

石井修道氏は「最後の道元――十二巻本『正法眼蔵』と『宝慶記』」(鏡島元隆・鈴木格禅編『十二巻『正法眼蔵』の諸問題』大蔵出版、一九九一年)という論考の中で、「『永平広録』の上堂と『正法眼蔵』の示衆が、従来から補完関係にあると言われているのは、明らかな事実である」(同論考、三二三頁)と述べているが、ここではそれが事実として確認できるものとなっている。

右の記事から、一二巻『眼蔵』「深信因果」の巻は、道元の「鎌倉下向」と関係の深い巻である、ということがうかがえよう。

ただしかし、道元の「鎌倉下向」は、道元の「明得・説得・信得・行得」にもかかわらず、「山僧、出去半年余。猶、孤輪の太虚に処するが若し」（永平寺を出て半年あまりを費やした。その間、私は、大空にかかった孤独な月のようであった）という苦い気分を味わい、「鎌倉下向」から半年後、永平寺に帰り、「今日、帰山、雲喜ぶ気。山を愛するの愛、初めよりも甚し」という結果を招いた。

この道元における「鎌倉下向」について、大久保道舟氏は、その著、『修訂増補 道元禅師伝の研究』（筑摩書房、一九六六年）の中で、次のように述べる。

なお『建撕記《けんぜいき》』本文によれば、禅師は時頼（北条＝筆者注）に対し「仏祖正伝菩薩大戒」を授けられたように記しているが、禅師の戒法が当時一般に重要視せられ、他宗の高僧にして之を請受したものが多々あったほどであるから、恐らく事実を伝えていると思う。禅師の鎌倉下向も恐らくその戒法伝授が主たる目的ではなかったかと考える。（同書、二六九頁）

大久保氏は、道元に関する江戸期の伝記である『建撕記《けんぜいき》』（永平寺十四世建撕《けんぜい》が編集した道元の伝記で正式名称は『永平開山行状建撕記』）に依拠し、「鎌倉下向」は、北条時頼との邂逅《かいこう》にその目的があった、という。

これに対し、中世古《なかせこ》祥道氏は、「鎌倉下向」は、「檀那俗弟子の為」であったので、紹介されて北条時頼に会ったかもしれないが、それよりも鎌倉の滞在先等を考慮するなら、道元の以前からの檀越である、波多野義重《はたのよししげ》一族ではなかったか、と推測をしている（中世古祥道『道元禅師伝研究』国書刊行会、一九七九年、三八八～三九六頁）。波多野義重とは、時の執権・北条時頼の補佐を務め、越前・志比荘《しひのしょう》（現・福井県吉田郡のあたり）を道元に寄進して永平寺の建立に貢献した人物である。

ここで問題とされるのは、道元の滞在先とされる場所が、波多野氏と関係が深いとされる「相州鎌倉郡名越白衣舎《なごえびゃくえしゃ》」であったということである。

周知のように、越前・宝慶寺《ほうきょうじ》には「薦福《せんぷく》住持比丘《びく》曇希《どんき》護持」の銘を持つ、道元の真筆とされている、いわゆる「鎌倉名越白衣舎《なごえびゃくえしゃ》示誡文」（以下、たんに「示誡文」という）が伝わっている。この「示誡文」は、『大般《だいはつ》涅槃経』一九巻梵行品八之五の「阿闍世王」の物語から、その一部を抜き書きしたものであり、内題に「阿闍世王之六臣」とあるように、六人の大臣の言説だけを書写したものである。

『涅槃経』による阿闍世王に関する説話のあらすじというのは、阿闍世王は父、頻婆娑羅《びんばしゃら》王殺害の罪悪を感じ苦悩の日々を送っていたが、臣下の六人（六師外道）は、何れも王には仏教にいう因果応報はなく嘆くことはないなどと助言をするが、しかし釈迦牟尼仏に帰依をしている医師の「耆婆《ぎば》」が忠言をし、紆余曲折の末、釈迦牟尼仏のおかげによって光明を見いだす、というものである。宝慶寺に伝わる示誡文では、六大臣の説話のみが登場し、「耆婆」の説話部分等は記されてはいない。「示誡文」の原文掲載はここでは割愛をするが、大久保氏は、これに関し、以下のようにも述べている。

なおこれに関連して併記せねばならぬことは、前にも一言した曇希護持の宝治二年二月十四日の識語ある文書のことである。同書には阿闍世王の六臣が善悪の本性と吾我との関係を論じ、父王頻婆娑羅《びんばしゃら》王を害することの当否について述べている。禅師は時頼のために菩薩戒を授けられるとともに、かかる実際的な問題をも説述してその心根の培養につとめられたものと考える。（大久保、前掲書、二六九頁）

道元が「鎌倉下向」の折り、北条時頼、あるいは、そのほかの誰か（複数？）に説示をした際に使用されたと思われる、この「示誡文」に登場する「阿闍世」は、先に見たとおり、一二巻『眼蔵』の永光寺本「三時業」の巻の「順次生受業」の項に登場をする。

それが、「あるいは一無間業をつくるものあり、いはゆる、釈迦牟尼仏のとき、阿闍世王なり、そのちちをころす」という記述なのである。

この「阿闍世王」の『涅槃経』による説話のくだりは、「闡提」の語とともに、もう一箇所、義演編『永平広録』第六〔四三七〕に登場する。これは、すでに前述している「一闡提に仏性はあるか」という項目の箇所で引用をしているものであるが、さらに再掲載をすればそれは次のようであった（傍点、引用者）。

〔四三七〕　然《しか》る所以《ゆえん》は、外道の坐禅は、邪見・著味《じゃくみ》・驕慢有る故なり。若《も》し、其《そ》れ、解会《げえ》外道に同ずれば、身心苦労すと雖《いえど》も、終《つい》に益なし。況《いわ》んや、逆《ぎゃく》人・闡提等に同ぜん。豈《あに》、仏法の身心《しんじん》有らんや。

世尊、一時、羅閲城耆闍崛山中《らえつじょうぎじゃくつさんちゅう》に在して、大比丘《びく》の衆五百人と倶《とも》なり。爾《そ》の時、提婆達《だいばだっ》兜《た》、衆僧を壊《え》乱し如来の足を壊《え》し、阿闍世をして父王を取って殺さしめ、復《また》、羅漢・比丘尼を殺す。（一八六～一八七頁を参照）

右の文中には先に見た「闡提」および「阿闍世」（「阿闍世をして父王を取って殺さしめ」）等の記述が見えているが、この義演編『永平広録』第六〔四三七〕の「上堂」（説示）は、建長三（一二五一）年に行われているので、道元の「鎌倉下向後」に行われている説示である。

これに続く『永平広録』第六〔四三七〕の説示では提婆達兜（多）の「悪を為すとも、その（業）報はない」という論に反駁する釈迦牟尼仏の「因果応報」の「必然性」が説かれる文章が続く。この記事は、一二巻『眼蔵』には採用されてはいない。しかしながら、このような記事を上堂で長文にわたり説示を為しているということは、道元がこれらの説示に対し、かなりの含む意味があった、ということが言えるのではなかろうか。

「耆婆《ぎば》」について

もう一点。阿闍世王の説話のうち、示誡文には、阿闍世王に仏教への帰依を勧める「耆婆」が登場しない、ということを指摘したが、「耆婆」の語は、『眼蔵』には直接の形で出てこない。ただし永平寺六〇巻本（洞雲寺本）には「五無間業」に触れる最初のところで「中夭《よう》なきは最後身菩薩、都史《とし》多天一生所繫《しょげ》菩薩、北州樹提伽《じゅだいが》、仏医なり」（天寿を全うせず中途にして死することのないものは、もはや他の生を受けることのない菩薩と、兜率天《とそってん》にある一生補処の菩薩と、北倶盧洲《ほっくるしゅう》の樹提迦《じゅだいが》長者と仏医である）と出てくる箇所がある。

右の箇所の、「仏医」というのが「耆婆」であろうという解釈があるが、詳しくは未詳のようである。この箇所自体は永光寺本の「三時業」の巻には出てこない。しかし、「耆婆」の語がはっきりとした形で出てくるのは、『永平広録』である。現出箇所は、ただ一箇所にではあるが、義演編『永平広録』第七〔五〇三〕に、次のように見えている（傍点、引用者）。

〔五〇三〕上堂に、記得す。僧、雲門《うんもん》に問う「如何なるか是、仏」と。雲門云く「乾屎橛《かんしけつ》」と。先師、頌《じゅ》して云く「雲門倒阿《とうあ》一橛屎《けつにょう》。悩乱す瞿曇《くどん》、痛処の針。海枯れて、終《つい》に底に徹ることを見んと要せば、始めて知んぬ、人死して心を留めず」と。今日、永平、其の韻《いん》を続《つ》がんと欲《おも》う。万行、豈《あに》、是、等閑の性ならんや、仏病に耆婆一針を献ず、縦《たと》え、海枯《かいこ》無徹底を見るとも、誰か明《あきら》めん、人死して心を留めざることを、と。

〔現代語訳〕

覚えていることがある。雲門文偃《ぶんえん》に一人の僧が尋ねた。「どんなものが仏でしょう」。雲門は言った。「干固まった糞《くそ》の棒さ」。今は亡い師の天童如浄《にょじょう》がこれを讃える偈《げ》を作って言った。「雲門はひっくり返った弾みにひり出した。糞の棒一本を。病気で辛く、気もそぞろな釈迦如来の痛がる場所に針をさす。海の底でさえ枯れれば、しまいに底まで行ってしまう。人が死ねば、心は残らない。それも今はじめて分かったことだ」と。

私（永平）は今日、その偈頌《げじゅ》の韻《いん》を次《つ》ごうと思う。一切の行為制作がどうして、いい加減に扱っていい性質のものだろう。釈迦牟尼仏が病気にかかった時、名医耆婆が針で治療に当たった。たとえ、海の水は枯れても底まで行ってしまうことはない。そう目のあたり見はしても、誰に明らかにすることができよう。人の死ねば、あとに心は残らないということを。

（現代語訳は、寺田透訳『道元和尚広録』下、筑摩書房、一九九五年、一二四頁による）

道元は、右で、その師、中国天童山の如浄禅師の偈、すなわち、中国・南漢の僧で公案集『碧《へき》巌録《がんろく》』などで名高い雲門文偃《うんもんぶんえん》の「乾屎橛《かんしけつ》」（固まった棒状の糞《くそ》）の偈頌《げじゅ》の跡を継ぐと言い、涅槃経に登場する、名医「耆婆」に触れている。道元は、自己を「耆婆」になぞらえ、「耆婆一針を献ず」として、「鎌倉下向」をしたのであろうか。この「上堂」の説示年月は建長三（西暦一二五一）年から翌年の冬にかけてのものとなっているので、道元の「鎌倉下向後」の説示であると見られよう。

とするなら、この義演編『永平広録』第七〔五〇三〕に登場する「耆婆」とは、宝慶寺に伝わっている示誡文との関係、すなわち『涅槃経』梵行品における「耆婆」と関係しているものと見なしても不都合はない。

先述した中世古氏は前掲書、『道元禅師伝研究』の中で、「今、この文書の語る背景を考察すると、蓋《けだ》し、当時の鎌倉には、実に彼《か》の阿闍世王にも類する一《ひとつ》の苦悩が存在したのではなかろうか」（前掲書、三九二頁）として、「承久の乱」の背景を挙げている。

承久の乱とは、鎌倉時代の承久三（西暦一二二一）年に、後鳥羽上皇が鎌倉幕府執権の北条義時に対して討伐の兵を挙げて敗れた乱のことであり、武家政権という新興勢力と朝廷の復権を目的とした争いであった。一方、道元が「鎌倉下向」をした宝治元（西暦一二四七）年は、その前年から翌年にかけて、幕府と名越光時らとの「鎌倉騒乱」や、時の執権、北条時頼が、三浦一族、千葉一族を滅ぼした「宝治合戦」などが起こっている。

この意味では、一二巻『眼蔵』「三時業」の巻における「五無間業」にいう、「ちちをころし、母をころし、阿羅漢をころす」等という所業は、この時期の武家のあいだでは特別なことではなかったものと思われる。なんとなれば、武家なるものは、（人間の）「殺生」や「暴力」をなりわいとする者たち、でもあったからである。

しかし「殺生」や「暴力」をなりわいとする鎌倉時代の武士たちのなかには、一方では、少数ではあるが仏門に帰依して「入道」とも称し、修行や信仰を求めた武士たちも存在した。この間の事情を、歴史学者の五味文彦氏は、その著『殺生と信仰――武士を探る』（角川書店、一九九七年）の中で、次のように指摘をしている。

鎌倉時代の後期にはこうした乞食・修行の武士が増えていたらしい。『沙石集』の巻四の二話では、武士から上人になった人々について、「武士の親類骨肉の中に、家を出て道に入《いり》しは、知恵も賢く、器量つよく、発心もたかく、修行もはげし」と述べ、武士から上人になった人々の発心について賞賛している。それは「在家・出家」と道は異なっても、「心のたけく、おごれる振舞《ふるまい》」があったからであるとしている。（五味、同書、一九九頁）

道元も、「知恵も賢く、器量つよく、発心もたかく、修行もはげし」い、武士の「出家」を求めて「鎌倉下向」をしたのであろうか。ちなみに、一二巻『眼蔵』「供養諸仏」の巻に、「あきらかにしりぬ、仏果菩提のうへに、古仏のために塔をたて、これを礼拝供養したてまつる、これ諸仏の常法なり」と見えている箇所があるが、諸仏の供養をするための「持仏堂」を館《やかた》の中に備えていた武士たちも存在していたという（同右書）。

いずれにせよ道元は、「鎌倉下向」の際、『大般涅槃経』「梵行品」を使用し、誰であったかは不明ではあるが、「檀那俗弟子」に対し、「出家」を「勧めた」可能性が高い、と思われるのである。

さて、以上の考察からすると、少なくとも一二巻『眼蔵』の「深信因果」および永光寺本「三時業」の巻といった巻は、『永平広録』「帰山上堂語」および「耆婆」の記述とも関連し、道元の「鎌倉下向」と極めて関係が深いもの、といえるのではなかろうか。

すなわち一二巻『眼蔵』「三時業」の巻は、『永平広録』の記述および『大般涅槃経』「梵行品」の「示誡文」の存在とも深く関わっており、永光寺本「三時業」の巻が、それを裏付けている、といえるのである。

三　「鎌倉下向」以後

「鎌倉下向」の結末

筆者自身は、一二巻『眼蔵』全体が、道元の「鎌倉下向」と関係があり、かつ「鎌倉下向」後に、一〇〇巻のうちの一二巻『眼蔵』として編纂されたものではないか、と考えているものである。

それは、直接的には、道元の「鎌倉下向」が不首尾に終わったと見られること、すなわち宝治二（一二四八）年の『永平広録』における「帰山上堂語」に見られるように、半年もの空白を強いられた上、結果は先の「出去半年余。猶、孤輪の太虚に処するが若《ごと》し」ということにかかわっていると見なされる点である。

「鎌倉下向」における説示の対象が誰であったにせよ、道元の鎌倉行きは、武士階級のみならず、建仁寺教団や浄土系教団、比叡山を中心とする旧仏教に属する一大勢力、また京都の貴族層を含めて、それが極めて注目の的であった、ことには疑いがない。

その「鎌倉下向」が不首尾に終わったと見られるとなると、その理由が詮索されることとなることは、これまた必定であろう。現に道元は、膝下の永平寺教団の人たちも、「又、疑わん。未曽説底（未だ説かれていない説）の法、未曽聞底（未だ聞かされていない）の法有りや」と疑問を持っているのではないか、として、「鎌倉下向」の顛末を釈明しているのである。

これに対し道元は、「只、他《かれ》の為に説く、修善の者は昇り、造悪の者は堕《お》つ、修因感果、抛塼《てきせん》引玉而已《いんぎょくのみ》なり、と」（ただ彼らに以下のようなことを説いた。すなわちそれは、修善のものには善の果報があり、造悪のものは地獄に堕す、という因果の道理であり、それは瓦を投げ捨て宝石を得るようなものである）と、説得を試みたことを力説しているが、しかし、結果は失敗であった。これは、永平寺教団のみならず、注目している外部世界に対し、今まで以上に、自己の説いてきた内容を公表する必要性、に迫られることとなろう。

道元の「鎌倉下向」は、宝治元（一二四七）年から翌年にかけて半年ほどの下向であったが、この三年後、鎌倉幕府の公式記録である『吾妻鏡《あづまかがみ》』には、禅宗に帰依をしていたとされる執権・北条時頼によって建長三（一二五一）年から「建長寺」の造営が始められ、同五（一二五三）年に中国・南宋出身の蘭渓道隆《らんけいどうりゅう》が開山に迎えられ、同寺が臨済宗建長寺派の大本山として落慶《らっけい》供養が行われたとある。

道元は、死後、京都の臨済宗寺院・建仁寺で荼毘《だび》に付されているが、この蘭渓道隆（大覚禅師）も、建仁寺に出入りをしている。道元の「鎌倉下向」後、しかも中国・宋への留学経験がある道元の存命中に、建長寺が創建され、禅宗に属する臨済宗の住職が任命をされている、というのは、偶然のできごとなのであろうか。

以上のことを含めて、道元は、「鎌倉下向」ということに対し、その内部と外部に、「這一段の事」として、何をどう述べてきたのか、ということを、いわば「釈明」せざるを得なかった、それが「新草・一百巻」を書き始めること、すなわち一二巻『眼蔵』という編成となった動機なのではないか、と考えられるのである。

一二巻『眼蔵』は、これまで「新草本」一二巻と称されてもきた。それは、弟子・懐奘による「八大人覚」の巻の奥書による名称でもあった。その奥書は次のようであった（原漢文をここでは読み下し文にしている。傍点、引用者）。

《如今《いま》建長乙卯解制の前日、義演書記をして書写せしめ畢《をは》んぬ。同じく之を一校せり》。

《右の本は、先師最後の御病中の御草なり。仰ぎ以《おもん》みるに、前に撰ずる所の仮名正法眼蔵等、書き改め、並びに新草具《つぶ》さに都盧《とろ》壱百巻、之《これ》を撰ずべしと云々》。

《既に始草の御此の巻は、第十二に当れり。此の後、御病漸々《ぜんぜん》に重増したまふ。仍って御草案等の事も即ち止みぬ。所以に此の御草等は、先師最後の教勅なり。我等不幸にして一百巻の御草を拝見せず、尤も恨む所なり。若し先師を恋慕し奉らん人は、必ず此の十二巻を書

して之を護持すべし。此れ釈尊最後の教勅にして、且《か》つ先師最後の遺教なり》。懐奘　記之

「建長乙卯（建長七〔一二五五〕年）」の年、道元の「御病」が「漸々《ぜんぜん》に重増」する中、「前に撰ずる所の仮名正法眼蔵等、書き改め、並びに新草具《つぶ》さに都盧《とろ》壱百巻、之を撰ずべし」とされていたが、それができなくなり、一二巻『眼蔵』は「一百巻の御草」予定の中の一二巻に留まることになった、というのである。

筆者の観点からすれば、なぜ道元はこれまでの『眼蔵』を書き改め、「新草・一百巻」としようとしたのか、という、その動機を問題とせざるを得ない。

それは既述をしてきた如く、道元自身が説得を試みて果たせなかった「鎌倉の武士」たちを主として念頭においていたからではなかったろうか。そうでなければ、一二巻『眼蔵』すなわち「新草」としての一二巻の冒頭に、あらためて「出家功徳」の巻、「供養諸仏」の巻などを配置する理由が見えないと言えよう。

特に「深信因果」を強調し、「三持業」の巻では、これも既述をした如く、「父を殺し、母を殺し、阿羅漢を殺し、僧の血をいだす」などという、「殺生」や「暴力」がテーマとして浮上をしている。このことは、これらの巻々が単純に「一般世俗」むけであったとは考えにくいのである（むろん、そうした部分が窺えるのは当然でもあるが）。

年号からわかること

ところで、この「鎌倉下向」の「痕跡」(筆者は「痕跡」と捉えるが)は、先の「一闡提」および「阿闍世王」等の記述のほかに、一二巻『眼蔵』の「奥書」に見られる「年号」にもその事が伺える、と見られよう。

それは、一二巻『眼蔵』のうち、まったく奥書がない、「受戒」の巻と「一百八法明門」をのぞき、一〇巻にわたる一二巻『眼蔵』の各巻は、何らかの形で「建長五年」もしくは「建長七年」の記述を持っていること、特に後者は、九巻にわたって、この年次が記されている事、からである。

建長五(一二五三)年もしくは建長七(一二五五)年の日付は、いずれも道元の「鎌倉下向」以後の年次である。確認のため、左に一二巻『眼蔵』の各巻における奥書を見てみよう(傍点、引用者)。

「出家功徳」
建長七年乙卯夏安居日　延慶三年八月六日、書写之

「受戒」
奥書なし。

「袈裟功徳」

ときに仁治元年庚子開冬日、在観音導利興聖宝林寺示衆。建長七乙卯夏安居日、令義演書記書写畢。同七月初五日一校了、以御草案為本　建治元年丙子五月廿五日、書写了。

「発菩提心」

爾時寛元二年甲辰二月十四日、在越州吉田県吉峯精舎示衆。建長七年乙卯四月九日、以御草案書写之。懐奘

「供養諸仏」

建長七年夏安居日。弘安第二己卯六月廿三日、在永平寺衆寮書写之。

「帰依仏法僧宝」

建長七年乙卯夏安居日、以先師之御草本書写畢。未及中書清書等、定御再治之時、有添削歟、於今不可叶其儀。仍御草如此云。弘安二年己卯夏安居五月廿一日、在越宇中浜新善光寺書写之。義雲

「深信因果」

彼御本奥書云　建長七年乙卯夏安居日、以御草案書写之。未及中書清書、定有可再治事也。雖然書写之。懐奘

「三時業」

永光寺本「三時業」には奥書なし。ただし永平寺六〇巻本（洞雲寺本）「三時業」には以下の奥書がある（大久保本では「別本」として収録）。建長五年癸丑三月九日、在於永平寺之首座寮書写之。懐奘

「四馬」

建長七年乙卯夏安居日、以御草案書写畢。懐奘一校了

「四禅比丘」

建長七年乙卯夏安居日、以御草案本書写畢。懐奘

「一百八法明門」

奥書なし。

「八大人覚」

彼本奥書曰、建長五年正月六日、書于永平寺。如今建長七年乙卯解制之前日、令義演書記書写畢。同一校之。

右本、先師最後御病中之御草也。仰以、前所撰仮字正法眼蔵等、皆書改。竝新草具都盧一百巻、可撰之云々。

既始草之御此巻、当第十二也。此之後、後病漸々重増。仍御草案等事即止也。所以此御草等、先師最後教勅也。我等不幸不拝見一百巻之御草、尤所恨也。若奉恋慕先師之人、必書此十二巻、而可護持之。此釈尊最後之教勅、且先師最後之遺教也。懐奘記之

右では、「建長五年」もしくは「建長七年」のほかに、当然ではあるが、「袈裟功徳」の巻は「御草案」、「発菩提心」の巻は「御草案」、「帰依仏法僧宝」の巻は「御草本」、「深信因果」の巻は「御草案」、「四馬」の巻は「御草案」、「四善比丘」の巻は「御草案」、「八大人覚」の巻は「御病中之御草也」などという奥書が見えている。

「御草本」および「御草案」という記述の問題は、従来、いわゆる「一百巻」の構想と絡む形で扱われてきた部分もあったが、筆者の観点では、これは「鎌倉下向」以後かどうか、という点が焦点となる。つまりは、先述もしたが、一二巻『眼蔵』は、何らかの形で、「鎌倉下向」以後

に、道元があらためて、自己の教説を披瀝するために編成しようと試みたもの、ということなのではなかろうか、という見方が可能であろう。

また、ここで、「鎌倉下向後」に整備されたと思われる、『永平清規《しんぎ》』における問題点を見ておこう。

政治・武士との決別

道元の「鎌倉下向後」に、新たに公表されたものに、『吉祥山永平寺衆《しゅ》寮箴規《しんぎ》』（以下、『永平寺衆寮箴規』という）があげられる。これの「宝治三（西暦一二四九）年正月日」の日付は「鎌倉下向」の一年後の日付であるが、「寮中の儀、当《まさ》に仏祖の戒律に敬遵し、兼ねて大小乗の威儀《いいぎ》に依随し、百丈の清規《しんぎ》に一如すべし」として始まっている。

この『永平寺衆寮箴規』は、六篇からなる、いわゆる『永平清規』の中に収録されているものであるが、ほかの五篇はそれぞれ、『典座《てんぞ》教訓』『辨《べん》道法』『赴粥《ふしゅく》飯法』『対大己《たいこ》五夏闍梨《げじゃり》法』『知事清規《しんぎ》』となっている。

この『永平清規』の六篇の作成年代を、奥書および文中に記されている寺院名から考慮して、あいだに「鎌倉下向」をはさみ、順に早い年代順に並べて見ると、それぞれ次のようになっている。

『典座教訓』	興聖寺	嘉禎三年（一二三七年）
『知事清規』	永平開闢	寛元元年（一二四三年）
『辨道法』	大仏寺	寛元二年（一二四四年）
『対大己五夏闍梨法』	吉峰寺	寛元二年（一二四四年）
『赴粥飯法』	永平寺	寛元四年（一二四六年）
＊　鎌倉下向		宝治元年～二年（一二四七～八年）
（『永平広録』「帰山上堂語」		宝治二年［一二四八年］）
『永平寺衆寮箴規』	永平寺	宝治三年（一二四九年）

見るように、『永平清規』の六篇のうち、『永平寺衆寮箴規』のみが、「鎌倉下向後」に編纂をされている。

「鎌倉下向」は、ある意味において道元には不本意なものとなったが、それは道元をして、『永平広録』「帰山上堂語」に見えるごとく、「今日、帰山、雲喜ぶ氣。山を愛するの愛、初めよりも甚だし」といった気持ちをいっそう強め、いよいよ永平寺での叢林修行と新しい『眼蔵』の整備をすることの表れとして、叢林の「規矩《きく》」（規則）を新たに制定する決意のもと、この、『永平寺衆寮箴規』を作成したのではなかったか。

この『永平寺衆寮箴規』の中で、「鎌倉下向」と関連すると見なされる項目で、注目すべき点が二つあげられる。一つ目の点は次の戒めである（引用は『道元禅師全集』第六巻、春秋社、一九八九年による。原漢文。ここでは読み下し文としている）。

《寮中、世間の事・名利の事・国土の治乱・供衆の麤細《そさい》を談話すべからず、これを無義の語・無益の語・雑穢《ぞうえ》の語・無慚愧《ざんぎ》の語と名づけ、固くこれを制止す。いわんや聖を去ること時遠くして、道業未だ成らず。身命は無常なり、光陰は繫ぎ難し。然《しか》あれば則《すなは》ち十方の雲衲、専ら光陰を惜《おし》んで精進すること須く頭燃《ずねん》を救うが如くすべし。努力よや、閑談して空しく時節を過すこと莫れ。石頭和尚の曰く、謹んで参玄の人に白す、光陰虚しく度ること莫れと》。

（傍点、引用者）

〔現代語訳〕

永平寺の寮においては、俗世間のこと、名誉や役職のこと、国土の合戦や争乱、供奉《ぐぶ》する人物などについていちいち談話をしてはならない。これは義のない話、無益の話、きたない話、恥知らずで自己を律し得ない話であるので、これらの話はかたく禁じるものとする。

釈迦牟尼仏はすでに亡くなり、吾らの修道はいまだ道半ばである。この命は無常であり、年月の過ぎ去ることは矢のようである。そういうわけであるので、ここで修行する僧はすべからく、過ぎ去る時間を惜しんで修行に励み、自己を救うがごとく修行をするべきである。

努力せよ、無駄話をして虚しく時間を浪費してはならない。六祖慧能の弟子である青原行思《せいげんぎょうし》の弟子、石頭希遷《きせん》和尚は、仏道修行をするものに対し、「光陰虚しく度ること莫《なか》れ」と言っている。（拙訳）

「鎌倉下向」後の「帰山上堂語」では、すでに見たように、道元は、「這一段の事、或は人有って疑着す。幾許の山川を渉って俗弟子の為に説法する、俗を重くし僧を軽するに似たり、と。又、疑わん。未曽説底の法、未曽聞底の法有りや」と、永平寺教団内の疑問を考慮し、それを先取りする形（？）で説示をなしている。

ここでは、これ以上に「俗事」と関わることを「寮中、世間の事・名利の事・国土の治乱・供《く》衆の麤細《そさい》を談話すべからず」と制止し、「十方の雲衲、専《もっぱ》ら光陰を惜んで精進すること須《すべから》く頭《ず》燃《ねん》を救うが如くすべし」として、僧たる者の修行のみを求めてもいる。文中、「国土の治乱（合戦や争乱）」とあるのは、「承久の乱」や「宝治合戦」等を指していると想定される。

もう一つは、「武士階級」との決別とも取れる制止文である。

周知のように道元の檀越・外護者は鎌倉御家人、波多野義重氏であったことは『永平広録』の記事の中にも「大蔵経」を寄付したという記事が見え、その限り、永平寺にも出入りをしていたと思われるが、「帯刀」をして永平寺に出入りすることは禁じる、という制止文が、この『永平寺衆寮箴規』の中に見られるのである。それは、以下のような文である。

寮中、弓箭兵杖、刀剣甲冑等の類を置くべからず。およそ百《もも》の武具は置くべからず。もし腰刀等を蓄うる者は、即日に須らく寺院を趕《お》い出すべし。総じて悪律義の器は寮内に入るべからず。（傍点、引用者）

〔現代語訳〕
永平寺の寮においては、弓矢や武器、刀剣や甲冑のたぐいを置いてはならない。そのほかの様々な武器のたぐいもそうである。もし刀を腰に帯びている者を見たなら、即刻に永平寺から追い出さなければならない。総じて礼儀や規則を守らないものは、寮内に入れてはならない。（拙訳）

右の文から逆に、それまでの寺院・叢林《そうりん》は、「弓箭兵杖《きゅうせんへいじょう》（弓矢や武器）、刀剣甲冑《かっちゅう》等の類」が置かれたり、「百《もも》の武具（様々な武器）」が置かれる場合があった、ということが知られよう。また「帯刀」、すなわち「腰刀等を蓄《たくわ》うる者」が、寺院内に「出入り」をしていたことも、文中からうかがえる。

それをここでは「腰刀等を蓄《たくわ》うる者」は「即日に須《すべから》らく寺院を追い出すべし」と言明されている。これは道元の、修行道場である叢林（永平寺）に対して一切の「武士」の類を入れない、とする決意の表明であろう。

「鎌倉下向」後、道元は、外護者でもあった「武士たち」とも、たもとを分かつ決意をしたのではなかろうか。そうでなければ、わざわざ、「帯刀をした武士を叢林から追い出す」というような規則を、新たに制定するはずはない、と見られよう。

しかし、こうした叢林内の規矩《きく》（箴規《しんぎ》・清規《しんぎ》）は、興聖寺時代または大仏寺から永平寺時代にかけて、すでに制定されていても良いはずである。それがこの、『永平寺衆寮箴規』で新たに制定された、というのは、この『永平寺衆寮箴規』が、「鎌倉下向」後に制定をされなければならなかった理由を持っていた、と考えられるのである。

四　若干の結語

さて、ここでは、以上に、先述した、「往昔」・「過去世」、「業」・「黒業」などの用語、七五巻『眼蔵』「出家」の巻と一二巻『眼蔵』「出家功徳」の巻との比較、七五巻『眼蔵』「大修行」の巻と一二巻『眼蔵』「深信因果」の巻との比較、および「断善根」、に加え、さらに「涅槃経」および「一闡提」、「因果」などという用語をめぐって、若干の検討・比較を試みてきた。

が、その結果は、少ないながらも、一二巻『眼蔵』の特定の言語の「概念」・「使用法」および「新言語の現出」などは、七五巻『眼蔵』の言語用法のそれとは、一部、同じような用い方をしている箇所も存在するが、かなりの部分で、「実体化した議論」がなされ、それは七五巻『眼蔵』とはいちじるしく、かつ驚くほど異なっている、と見られるものである。

もちろん、ここで見た事柄は、少ない事例で大急ぎでみた観があり、子細に見るならば、結論が異なる箇所も少なくないであろう。しかし、少ない事例で大急ぎで見たことに瑕疵《かし》があるとしても、なお一二巻『眼蔵』で特に強調されている特徴もまた見られる、ということは言い得よう。特に一二巻『眼蔵』「三時業」の巻などに見られる、生々しい「殺生」や「暴力」における堕地獄の「因果」の強調、「業報」等の説示は、それまでの七五巻『眼蔵』の記述等の論調からするなら、ある意味では異様ですらある。

先に筆者は、道元は「鎌倉下向」の際、誰に対してかは不明ではあるが、『大般涅槃経』「梵行品」を使用し、「出家」を「勧めた」可能性が高いと思われる、と述べたが、それが不首尾に終わり、道元は改めて「内外」に、自己の教説を示す必要性があったのではないか、と仮説を述べた。

それが「出家功徳」の巻から始まる、一二巻『眼蔵』ではなかったか。

この点が、そもそも、なぜ一二巻『眼蔵』の最初の巻が、「出家功徳」の巻で始められなければならなかったのか、という疑問に答える有力な仮説であると思われるのである。新草一二巻『眼蔵』は、「出家功徳」の巻から始まらなければならなかった、といえるのではなかろうか。

もう一点。ここで見てきた検討によると、一二巻『眼蔵』「三時業」の巻は、「深信因果」の巻と深く連動し、さらにこれらは、『永平広録』における「帰山上堂語」の記事、「栴陀羅」行および「阿闍世王」ないし「耆婆」などの記事、宝慶寺の「鎌倉名越百衣舎示誡文」（涅槃経）の存在などを考慮するなら、「永光寺本」による「三時業」の巻が、一二巻『眼蔵』における「三時業」の巻として、より妥当（ふさわしい？）なのではないか、という疑問も出てこよう。

しかしながら、右の立場に立つ場合、永光寺本「三時業」を採用する『眼蔵』は、ここで見てきた大久保本『眼蔵』および春秋社版『眼蔵』の二者であるが、これらのうち前者は絶版、後者は入手困難となっている。

本山版『眼蔵』および岩波文庫版による『眼蔵』は、現在、一般に入手可能な『眼蔵』ではあるが、この両者は、六〇巻本『眼蔵』による「三時業」の巻を採用しており、そこでは、ここで見たような、「阿闍世王」などの記述は省かれているのである。この点をどう見るのか、今後のおおいなる参究課題といえよう。

あとがき

筆者が大学院を終える頃、禅系の仏教教団に勤務する存じよりの、僧侶でもある研究会等で知り合っている先輩が教団を手伝ってくれという。何かと思ったら、教団が被差別部落の問題と直面しているという。筆者の専攻が宗教社会学であったため、その分析や研究も含めて非常勤講師をしながら嘱託の形で教団とかかわることとなった。

そこでは問題の発端となった教団に属する僧侶の部落差別発言や部落差別を助長する図書、あるいは在俗に授与する戒名（法名）のなかで、被差別部落民と見なされてきた人々にのみ、やはり差別と思われる戒名が付与された、いわゆる差別戒名なども発見された。

これはのちに日本におけるほとんどの仏教教団で発見されることとなったが、その対応と分析やら調査に時間を割かざるを得なかった。そして極めつけは、教団人がものした書籍や、依拠する教典・経典のたぐいに、差別的な記述があるかどうか、という問題に発展していった。

これは仏教教団の場合、とくには明治以降ではあるが、部落差別からの解放を求める水平社の運動が活発となり、浄土真宗・東西両本願寺に対して闘争が組まれてきたが、問題の一つに、被差別部落民とされてきた人々を差別・排除する思想があるのではないか、というものがあったからである。

それは、仏教における「業」の解釈においてであった。被差別部落民に生まれたというのは「前世の悪業」によってそうなった、とする僧の説教や解釈書が多くあったのである。もしそうでないのなら、「業」という仏教思想はいかに解釈されるべきなのか、という解放運動団体から「業」の解釈の問題が提示されたのである。この問題に対しては残念ながら、今日に至るまで、どの仏教教団側からも有効な解釈は示されていないのではないかと筆者は見なしている。

ちなみに、こうした問題の所在を指摘したものには、瓜生津隆真「浄土真宗本願派における業・宿業問題への取組みと課題」『教学研究所紀要 業問題特集』第五号（浄土真宗教学研究所、一九九七年）などがある。

また、仏教の教典・経典に出てくる、「旃陀羅《せんだら》」という語も、問題の一つであった。今は改められており、本書でも触れてはいるが、たとえば一九七九（昭和五四）年の東京書籍、中村元著『仏教語大辞典』には、「旃陀羅（せんだら） 梵語チャンダーラ（caṇḍāla）の音写。厳熾《ごんし》・暴悪・屠者《としゃ》・殺者《せっしゃ》などと漢訳する。インドにおける四姓外の賤民。狩猟・屠《と》殺・刑戮《けいりく》などを業《なりわい》とする。もっとも賤しく、カースト外の者と見なされた。彼らは蔑視・嫌悪され、人間とは見なされず、犬や豚と同類と見なされた」などと掲載されていた。

この「旃陀羅」というインド・仏教由来の漢訳語は、日本にあっては現在は差別用語である

「穢多（えた）」身分とされた者である、という文書もかつては存在していた。したがって仏典の中には、今日の人権視点からは、そのまま解釈・翻訳をしたのでは問題が生じる、という点が次第に明らかになってきたのである。

実際、本文中においても触れたように、『正法眼蔵』の中にも、「業」の問題は「三時業」の巻に見え、インドのカースト制度を背景としたアウト・カーストと見なされてきた「旃陀羅」という語や、カーストのクシャトリヤを表す「刹利種《せつりしゅ》」、ヴァイシャ（商人階級）を表す「毗舎《びしゃ》」、上の三つの階級に仕えるシュードラを表す「首陀羅《しゅだら》」などという語も見えている。

したがって経典・仏典を、今日の人権視点から見直すことが急務となったのである。当然、筆者も『正法眼蔵』にかかわることとなった。本文中に紹介した袴谷氏の論考も、教典精査の中で教団が研究会（審議会）を組織した結果の論考であった。

しかし、教典、とりわけ筆者が関係することとなった『正法眼蔵』は、素人にとっては当初、全く意味不明の文字群であった。しかも『眼蔵』は、周知のように、「辨道話」＋七五巻＋一二巻とあり、そのほかにも『永平広録』その他があり、大部の書籍群である。

そこで筆者は、（無謀にも）これらの書籍をコンピュータに取り込み、データベースとして検索するシステムを構築すれば、目的の箇所をすぐにでも探し出せるのではないか、（という甘い）考えをいだき、実行に移した訳である。

しかしこのシステムの構築は、やはり困難を極めた。漢文あり、特殊な漢字あり、道元特有の特殊な言い回しあり、現在のコンピュータでは表示できない漢字ありで、校正にも多大な時間がかかることとなった。これは多分、個人ですべてを為そうとした所に、そもそも無理があったのである。

今では『永平広録』、『眼蔵』、『正法眼蔵随聞記』のほか、瑩山の『伝光録』もシステム構築をしたが、願わくはこれに中国の祖録、および大蔵経のデータベースが加われば、道元がどのような思考経路をたどって『眼蔵』の文言に至ったのか、がわかることとなろう。ただしかし、後者の中国の祖録、および大蔵経のデータベースは、一部をのぞき、しばらくは実現しそうにはない。

筆者が考えるデータベースは、特殊な環境で僧侶や仏教研究者のみが利用できるデータベースではなく、仏教に関心を持つ一般の人々が利用でき得るそれ、サンスクリット語や漢文のみといった、いわば敷居の高いデータベースではない、日常語で利用できるデータベースである。そのようなデータベースが利用できるようになれば、仏教文献は、より身近なものとなり、関心や研究成果が飛躍的に増大すると思われるのである。

本書は、『眼蔵』に関し、右に記したようないきさつで構築されたデータベースを使用して、「現成公案」の巻および一二巻『眼蔵』が持つ問題等をできるだけ、『眼蔵』に即して解釈しようとした試みである。このデータベースを使用した解釈に、少しでも「妥当性」があるならば、幸いである。

本書を故・駒沢大学教授峰岸考哉先生に捧げるとともに、解説をご執筆くださった南直哉老師、畏友・井桁碧氏らの助言に対し衷心より感謝を捧げる次第であり、また、家人にも衷心より深く謝意を申し上げる次第であります。

解説

腑分けされる『正法眼蔵』

南 直哉

一

門馬幸夫先生の知遇を得たのは、ざっと今から三十年以上前、私が曹洞宗の大本山永平寺で修行中の四年目のことである。

本書にも触れられているが、当時曹洞宗では被差別部落問題にかかわる差別発言や差別事象が続発していて、運動団体からのみならず社会的にも厳しい批判を受けていた。

ただ、宗門の名誉のためにひと言付け加えるなら、批判によって大きな誤りを自覚した宗門僧侶は、それ以後長きにわたり学習を積み重ねてきた。結果、問題を完全に解決したとは言えないまでも、現在の我々の人権意識は、あの当時とは大きく変わったと言えると思う。

門馬先生は、この宗門の人権意識の高まりに少壮気鋭の社会学者として深くかかわり、多大な貢献をされたのである。

この問題が露見するたびに我々に問われたのは、差別発言・事象が頻発するのは、僧侶個人の資質の問題なのか、それとも宗門に構造的な問題があるのか、ということである。構造的問題の核心は、僧侶の養成と教育のシステムと方法である。

だとすると、その要請と教育のシステムは、どのような理念に基づいてなされているかを問われるのは当然だろう。

すると当然、我々の依って立つ理念の究極は道元禅師の思想ということになる。つまり、問いは結局、「道元禅師の思想には、差別を誘発するようなアイデアが含まれるのか」というところまで至らざるを得ない。就中《なかんずく》、『正法眼蔵』の読み方は、改めて検討されなければならない至急の要があったのである。

これはまさに宗門にとって前代未聞の大問題であった。私はその最中に修行僧として永平寺にいたのである。

全宗門的に様々な学習や研修が繰り返し行われ、永平寺も例外ではなかった。その研修に門馬先生は講師として再三来訪されたのである。

実は、永平寺の修行僧は本来極めて保守的である。彼らにとっては師匠や師家《しけ》（高徳の指導者）の教えこそが学ぶに値するのであり、そのような教えの講義は「提唱」「法益《ほうやく》」と称されて尊重されていた。

これは『正法眼蔵』（以下、『眼蔵』）についてもそのとおりであり、とりわけ『眼蔵』を専門的に講義する老師は『眼蔵家《げんぞうか》』と尊称されていた。このような老師方は、修行道場で長年研鑽を積み、「行学《ぎょうがく》共に」高い境地にあることを当然視されていたのである。

二

こういうところへ、門馬先生は差別問題と『眼蔵』という、若輩たる我々には重すぎるテーマに携えて乗り込んできたのである。修行僧から「敵意」に近い視線を浴びたであろうことは、推測するに難くないだろう。師家でもない、何の修行もしていない、ただの学者に何がわかる！というわけである。

私は、初めて先生の講義を受けた日のことをよく覚えている。

明らかに歓迎的でない雰囲気の中、威風堂々とは言い難い四十歳前後の中肉中背の人物が現れると、いささか甲高い早口で、『眼蔵』を縦横に引用しながら、従来の「伝統的」解釈がいかに道元禅師の思想から遠く、かつ差別発言に結びつき易いかを、ほとんど外科医が手術するかのごとき容赦の無さで分析して見せた。

今まで誰からも聞いたことのない斬新な語り口に、私は瞠目した。そして強く共感した。なぜか。その時私は、自分が考えていたことと同じ方向性を持つ言説に、宗門の内部で初めて触れたからである。

当時永平寺に入門して四年目に入っていた私は、ある程度自由な時間を確保できるようになり、本格的に仏教の勉強を再開していた。その時痛感していたのが、仏教を語る言葉を刷新する必要だった。私には、その頃の僧侶が語る仏教や道元禅師、そして『眼蔵』をめぐる言説に、ほとんどリアリティを感じられなかったからである。

そう思っていたちょうどそのタイミングで、私は宗門に差別問題があることを知った。いま顧みて敢えて正直に言えば、「これだ！」という気持ちだった。私が感じていた従来の言説のリアリティの無さには、構造的な問題があるとわかったからである。

同時に、仏教には「無明《むみょう》」のアイデアがあり、道元禅師の思想の核心に「観無常《かんむじょう》」があるとすれば、それは差別を否定する最も先鋭な思想的方法を提供するはずだと、私は確信していた。

差別とは、一定の社会的条件下で成立するに過ぎない価値観を絶対視して、その価値観に合わない者を排除・抑圧する行為である。これは、それ自体に根拠が無く実体が無い（無常）ものを、根拠があるかのごとく絶対視する錯覚（無明）に等しい。すなわち、差別は「無明」の代表例であり、「観無常」は錯覚を直撃する思想だと、私は直感したのだ。

今にして思えば不謹慎極まりない話だが、私は、この問題への取り組みを突破口にすれば、新しいスタイルで仏教を語る道が開けると思ったのである。まさにそのとき、門馬先生の講義に出会ったのだ。

講義の最後に、先生は質問の時間を設けた。それを待っていた私は、すかさず挙手した。あとで聞くと、当時の人権学習で質問の挙手をした最初の修行僧が、私だったそうである。私の質問は質問ではなかった。質問に名を借りた、共感と支持の表明だった。そしてまさにその日をご縁に、以後私は曹洞宗の人権問題に深くかかわり、先生と共に仕事をさせてもらうようになったのである。それは同時に、自分自身の『眼蔵』への取り組みを深化させるものだった。

三

修行僧当時の私が門馬先生の『眼蔵』解釈に驚嘆したのは、いわばその屈託ない切れ味だった。当時、私は宗門僧侶の解釈が自分の修行経験に引っ張られ過ぎると感じていた。そのことが、本来論理的な検討で決着させるべき議論で詰めが甘くなり、往々にして「ここは言詮《ごんせん》不及《ふきゅう》、言葉の説明を超えている」という逃げ口上になっていたりした。

さらにまた、この解釈における「経験主義」が、昔からの師家による「伝統的」解釈への無批判な追従を助長する場合が、多々あったのである。すなわち、僧侶側には、自分の修行を指導する師家の言動を、全肯定しがちな傾向があったのだ。

ところが、先生は当然ながらそのような「体験」とも「伝統」とも無縁であったから、まさに社会科学者の眼でテキストに直截に切り込んでくる。

過去の高名な師家が語った差別的な言辞を挙げながら、『眼蔵』の文言を子細に検討し、「道元禅師のお言葉のどこに、このような発言を正当化する思想があるのでしょう」と問い、何度も我々の蒙《もう》を啓《ひら》かれたのである。

ところが、さらにしばらくして、もっと驚くことが出来した。先生が『眼蔵』のデータ検索を可能にするソフトを編集して、永平寺に持ち込んだのである。

これは恐るべき武器だった。それまで書籍で総索引に当たるものが出ていたが、ソフトの検索能力は、その比ではなかった。これまで想像もしなかった『眼蔵』へのアプローチ方法を見せつけられて、私は今後の自分の研究について考え直さざるを得なかった。

はじめてソフトを使用した日のことは鮮明に記憶している。私は「本証《ほんしょう》」と「妙修《みょうしゅう》」という語を検索にかけた。

当時の『眼蔵』解釈の主流は、この二語をパラダイムとして行われていた。が、私はそれが不満であり、端的に誤りだと考えていた。なぜなら、この二語は『眼蔵』に含まれない「弁道話」という文章にしか無いと思われたからである。

ソフトはこの私の「印象」をたちどころに事実にしてくれた。「本証」も「妙修」も、まさに「弁道話」のごく一部に、数か所しか無かったからである。これで『眼蔵』全体を読み切るのは無理というものである。

このたびの先生のご著作にも、このデータ検索という方法が存分に駆使されている。とりわけ、『眼蔵』の中でも読者の多くが魅惑される最重要の一巻、「現成公案《げんじょうこうあん》」の巻をこの方法で読み解く試みは、先生にとっても、長年にわたる『眼蔵』への取り組みの集大成と言えるものではないだろうか。

四

私は自分で『眼蔵』を読むようになってから、痛感したことがある。それは『眼蔵』の読み方に正解は無いということである。

最初は私も正解があるはずだと思っていた。修行僧の頃、ある師家に勧められ、借金して十万円以上する大部の解釈本を買ったこともある。これぞ『眼蔵』を読む上で必読の、かつ正しい解釈を教える本だと言われたからである。

ところが、ダメであった。私は最初に「現成公案」の巻の解釈を見て、当惑してしまった。こんなはずはない、それが結論だった。

少し検討してすぐにわかった。この解釈は儒教、就中、朱子学をベースにしている。これで「観無常」の仏教の真髄とも言うべき『眼蔵』解釈をしようとは、私には錯覚にしか思えなかった。

ただそれは、「私には」である。明治の師家はこの解釈に自信があったろうし、それを聞いて深く感銘した者が多くいただろうし、今もいるだろう。しかし、私にはまるでリアリティが無かった。

道元禅師存命中に弟子であった者の注釈書も有名で、古書店で手に入れて読んでみたが、ほとんど役に立つ代物ではなかった。直弟子の聞き書きだというにしては、情報量が極端に少なく、注釈書の注釈が必要だと思ったくらいである。

そもそも聞き書きなのだから、弟子は聞いてわかったことだけ書いただろう。となれば、丼《どんぶり》の水が茶碗にすべては入らないのは自明で、この注釈書を鵜呑みにして解釈しても、多くを取りこぼすだけであろう。

私は様々な解釈の是非を一々言いたいとは思わない。ただ、私が従来の大半を自分とは無縁の解釈だと思ったのは、師家などの論者が道元禅師の問題意識、引いてはゴータマ・ブッダの問題意識を、まるで共有していないと感じたからである。すなわち、「無常」という我々の実存の仕方、その「苦」への想像力が、彼らの解釈には欠如していたのである。

門馬先生の解釈には、当時からこの「苦」への想像力があった。それは差別問題をきっかけに曹洞宗と『眼蔵』に関わることになった先生の来歴が影響しているのだろうが、根底には差別という理不尽な行為への、一個人としての静かな怒りがあったのではないかと思う。それに加えて、差別を単に感情的に否定するのではなく、人間の抜き難い「業」として正面から冷静に見据える社会学者の視点があったに違いない。

だからこそ、データベース検索を駆使するという前代未聞の解釈法を導入し、フッサールやハイデガーなどの西欧哲学・思想のアイデアを参照する解釈を躊躇《ちゅうちょ》しなかったのだろう。

もちろん、私にも私なりの『眼蔵』の解釈の仕方があり、方法がある。それは私の僧侶としての立場にも関わるし、幼少期から抱え続けてきた問題意識に直結する。したがって、門馬先生が披歴された解釈を全面的に肯《うけが》うことは、当然ながら、ない。

しかし、事の要所は解釈の同異ではないのだ。そうではなくて、先生の解釈を導く志の在り様である。私が共感し、ひそかに頼みと思うのは、その志ゆえなのだ。

五

このたびの門馬先生の労作で、私が特に学恩を蒙《こうむ》ったのは、後半の道元禅師の鎌倉下向と十二巻『眼蔵』をめぐる考察である。ここで展開される議論は、私がかつて門馬先生とご一緒した曹洞宗の人権問題に関わる委員会でも論じられた経緯がある。

先生の今回の考察は、そのときの議論を緻密かつ実証的に完成させたものと言えよう。おそらく同じテーマをこれほど包括的に論じて一定の見解を提示した書物は、本書が初めてではないかと思う。

私も、鎌倉下向と十二巻撰述の関係性を、昔日《せきじつ》の議論を土台に、先生とほぼ同様に考えてきた。

そこで僭越ながら、先生のお考えに導かれて、この問題についての自分の見解を申し述べ、些かなりとも御恩に報い、己れの頭を整理してみたい。

道元禅師下向当時の政情は、承久《じょうきゅう》の乱を契機に京都の公家と鎌倉の武家による二重政権のバランスが崩れ、政治の実権は武家の手に移っていた。

その武家の本拠地に、摂関家出身の出家である禅師が出向くとなれば、相当の理由が想像されて当然である。しかも、一度は周囲の「仏法興隆のため」鎌倉に行くべきだという進言を、にべもなく拒絶した禅師なのだ。それとは一変した行動である。

私はこの豹変の真意が「仏法の興隆」という言葉の裏にあると思う。つまり、周囲が勧めたのは、「仏法興隆」と言いつつ、実は「永平寺僧団の興隆」のため、鎌倉に行くことだったのではないか。

最初に勧められた時にはその気にならなかったにもかかわらず、越前に移って四年、突如として下向を決意したのは、永平寺僧団の運営と将来に禅師は大きな不安を覚え、表向きは在家者の教化だとしても、その内実は武家政権の外護《げご》を期待して下向したのだと私は考えている。

それというのも、少なくとも資料的には、道元禅師の永平寺僧団の拡大を示唆するものがなく、むしろ経済的逼迫を思わせる文書（「日根野・布美両庄関係消息」、真偽は未確定）があるからである。

その上、当時の禅師門下の修行僧の大半は直弟子ではなく、永平寺二世となった孤雲懐奘《こうんえじょう》をはじめ、元は大日能忍《だいにちのうにん》という無師独悟した「見性《けんしょう》」系の僧侶の門下で、後に合流した者たちだったからである。その彼らから、史上特に傑出した人材は出ていない。

天才的指導者である禅師に匹敵する器量を持つ者がいないとなれば、その思想と実践を受け継いで、僧団を維持できるだけの支持や外護を周囲から確保できるかは、甚だ心もとないと言わざるを得ず、そこに禅師の不安があっただろうと、私は考える。

無論、その下向は武家政権に追従するためではなく、まさに教化であり、あるいは有力者を出家させて弟子にすることまでも意図していたかもしれない。しかし、その結果としての外護を期待していただろう。

このとき道元禅師が彼ら「檀那俗弟子」に説いた教えが、門馬先生もご指摘のとおり、「鎌倉名越《なごえ》白衣《びゃくえ》舎《しゃ》示《じ》誡文《かいもん》」に示される因果の道理に関わるものだったであろう。武家の血で血を洗う抗争の後に、その殺生と暴力の悪業を彼らがどのように受けとめ、どうそこから解放されるべきかを、道元禅師は説いたのだ。すなわち、因果の道理を信じて、修行や出家という功徳を積むことこそが、解放への道だというわけである。

しかし、この試みは結果的に失敗であった。道元禅師はさしたる成果を得ることなく、永平寺に帰山したのである。

門馬先生のご見解どおり、この鎌倉下向の失敗が、道元禅師の十二巻本『眼蔵』の執筆に大きく影響していると、私も考える。

六

私が思うに、鎌倉の武家政権の外護が期待できなくなった以上、脆弱な永平寺僧団をどう強化するかは、禅師の喫緊の課題であったろう。このとき、何よりもまず重要だったのは、たとえ厳しい環境の中にあっても、出家修行者の主体性をどう確立し、維持するかという問題だったのではなかろうか。

その意味で、今回門馬先生が教示された、道元禅師帰山後の上堂や、「永平寺衆寮箴規《しゅりょうしんぎ》」での、武家との決別やその排除を思わせる言辞は、私に大きな示唆を与えて下さるものだった。

有力な外護が無いとしても、なお僧団を維持し、修行者の生き方を貫くには、どうすべきか。禅師はその基本から考え直し、弟子たちを再教育する必要を痛感したはずである。禅師の教えが浸透し切らず、問答無用の「見性」的考え方をなお引きずっているように見える大方の弟子を、修行する主体として改造するプログラムが必要だったのである。

門馬先生の仰るとおり、鎌倉で説かれた因果の道理が、十二巻本で改めて強調されたのは、まさに因果の道理こそ、修行僧の主体性を構築する基軸的方法だからである。

我々が修行するには、仏道に志を起こさなければならず、それは自らの過去を反省し総括することで可能になる。その上で、今なすべきことを決定する。この未来に志を立て（誓願《せいがん》）、過去を反省（懺悔《さんげ》）し、今なすべきことを決定（発心《ほっしん》）するには、自分の行動や経験を、原因―結果関係、即ち因果律によって整理し秩序付け、一貫した行動主体として構成しなければならない。

このとき、因果関係、「因果の道理」はあくまで方法的概念であり、それ自体で存在する実体的原理ではない。この宇宙には「因果の道理」と言う機械の如き装置が実在していて、何らかの「原因」にあたる現象が自動的に「結果」と呼ばれる現象を引き起こすのではない。

因果関係は、いかに重要とは言え、あくまでも我々の思考の基本的方法にすぎない。だから、方法の有効性を「信じて」使うしかない。十二巻本にある「深信因果《じんしんいんが》」の巻の「深信」はその意味である。

十二巻本が「出家功徳」で始まり、次に出家して僧侶となる儀礼たる「受戒」を説き、さらに僧侶が纏う袈裟の意味を強調する「袈裟功徳」と続いて、その後にまさに仏道修行の決意を固める「発菩提心《ほつぼだいしん》」が来る。

この序盤の構成は、修行僧の修行僧たる所以を強調し再確認する意味を持つ。

さらに「発菩提心」の巻に続く「供養諸仏」の巻では、「仏法は有部《うぶ》すぐれたり、僧祇律《そうぎりつ》もとも根本なり」という教示がある。

「有部」は門馬先生のご指摘どおり「説一切有部《せついっさいうぶ》」という部派仏教の一派のことであり、「僧祇ある。

律」も部派の「大衆部《だいしゅぶ》」の律である。「空」「縁起」を標榜する大乗仏教が否定する部派のアイデアを、道元禅師は「すぐれたり」「根本なり」と評価している。それが可能だったのは、大乗と部派を並べて評価できるだけの、さらに高い独自の思想的基準を、禅師が持っていたからこそである。

道元禅師はまず、出家したての初学者が身に付けるべき基礎的な教学と生活規律として、部派のアイデアが有効だと考えていたのだと、私は思う。当時跋扈《ばっこ》していた「見性」系禅者のように、いきなり「不立文字 教外別伝」などと言い出すのは、道を誤る元だということである。

道元禅師は、自身が結論した思想と実践の体系は、部派に淵源する基礎を踏まえて修行することでしか、理解も到達もできないと考えていたのだろう。

そう考えて十二巻本最後の「八大人覚《はちだいにんがく》」の奥書を読むと、禅師が既述の七十五巻本を「書き改め」て、この十二巻にさらに十三巻を加えた百巻本にしようとした意図が、私なりに見えてくる。

私は、道元禅師が七十五巻本を廃棄同然に書き直し、部派仏教の思想と実践に全面的に回帰した百巻本『眼蔵』を制作しようとしていたとは考えない。

そうではなくて、七十五巻本に展開された思想と実践は、やはり禅師の最終的な結論に近かっただろうと思う。その意味で、「現成公案」の巻が禅師入滅の前年に「拾勒《しゅうろく》」されている史実は重い。

その結論に向けてどのような修行が不可欠なのかが、失敗した鎌倉下向後、禅師の最晩年に改めて問われたのだ。

道元禅師の「書き改め」は、初学者が基礎から学び始め、やがて禅師が結論した思想と実践に至るまでの過程を検討した上で、必要な添削と修正として、行われるはずだったのだろう。

そう思うと、「不離叢林《ふりそうりん》」を説き、鎌倉から帰って「山を愛するの愛、初よりも甚し」と語っていた道元禅師が、その「山」での入滅を前にあえて山を下り、治療のため京都に向かった理由もわかるような気がする。門下の弟子の基礎からの再教育が未だ途上であるという、焦燥に近い強い思いが、禅師にあったのではないか。それが『眼蔵』「書き改め」の大きなモチベーションになっていただろうと、私は考えるのだ。

*

今回、本書を読む機会を得て、昔日を懐かしむとともに、漠然と考えていた問題をまとめてみるという我儘までしてしまった。申し訳ない限りであるが、改めて思うのは、本書は読者に考えることを促す力を持つ、ということである。それはおそらく、『眼蔵』という書物の持つ力でもある。

けだし、『眼蔵』から「道元禅師の真意」を読み出すことなど、誰にもできない。なぜなら、道元禅師はもういないからである。その「真意」は誰がどう語ろうと、所詮推測に過ぎない。

だとすれば、読めば誰もが魅きつけられる『眼蔵』の強大な吸引力は、字面の底に潜んでいるように錯覚される「真意」などではなく、華麗な文体で読者に突き付けられる「問い」の深さに発するであろう。

この『眼蔵』からの「問い」に読み手はそれぞれの方法で挑んでいく。そこまでが、我々にできることである。このことを門馬先生も自覚なさっている。本書の読みを決して「これぞ正解だ」などと強弁しない。

自分の読みの方法を明らかにして、アイデアを正直に語り、「正解」を僭称せず、あくまで読みの一例として提示する。それがまた、新たな「問い」として我々に現前する。これこそ、私が本書を『眼蔵』最良の読み方の一つと思う所以である。

（みなみ・じきさい　曹洞宗霊泉寺住職、恐山菩提寺院代）

門馬幸夫 *Sachio Monma*
1947年、岩手県生まれ。社会学者。専門は宗教社会学・宗教民俗学。駒澤大学大学院博士課程単位取得満期退学。駿河台大学文化情報学部教授、同心理学部教授を務め、現在は駿河台大学名誉教授、立正大学文学部非常勤講師。著書に『差別と穢れの宗教研究』（岩田書院、1999年）など。論文に「『穢れ』と差別」（『いくつもの日本V 排除の時空を超えて』岩波書店、2003年所収）など。

道元思想を解析する

『正法眼蔵』データベースが示す真実

2021年7月25日　第1刷発行

著者――――門馬幸夫
発行者――――神田　明
発行所――――株式会社 **春秋社**
〒101-0021 東京都千代田区外神田 2-18-6
電話 03-3255-9611
振替 00180-6-24861
https://www.shunjusha.co.jp/
印刷・製本――萩原印刷 株式会社
装丁――――本田　進

Printed in Japan, Shunjusha
ISBN978-4-393-13418-4
定価はカバー等に表示してあります